演说创造财富

王栎清 著

台海出版社

图书在版编目（CIP）数据

演说创造财富 / 王栎清著 . -- 北京：台海出版社 ,2019.1
ISBN 978-7-5168-2209-8

Ⅰ . ①演… Ⅱ . ①王… Ⅲ . ①演讲 - 语言艺术 Ⅳ . ① H019

中国版本图书馆 CIP 数据核字 (2019) 第 001849 号

演说创造财富

著　　者：王栎清

责任编辑：员晓博　　　　　　装帧设计：胡椒书装

版式设计：胡 可　　　　　　 责任印制：蔡 旭

出版发行：台海出版社

地　　址：北京市东城区景山东街 20 号　　邮政编码：100009

电　　话：010-64041652（发行，邮购）

传　　真：010-84045799（总编室）

网　　址：www.taimeng.org.cn/thcbs/default.htm

E－m a i l：thcbs@126.com

经　　销：全国各地新华书店

印　　刷：北京时捷印刷有限公司

本书如有破损、缺页、装订错误，请与本社联系调换

开　　本：787mm×1092mm　　　1/16

字　　数：182 千字　　　　　印　 张：14

版　　次：2019 年 1 月第 1 版　 印　 次：2019 年 3 月第 1 次印刷

书　　号：ISBN 978-7-5168-2209-8

定　　价：49.80 元

序言

时代在变迁，人们的生活方式发生了巨大的改变，相应的，人们创造财富的方式也发生了变化。当下，很多人说，这是一个知识能够变现的时代，人们可以真正靠自己的脑子，靠自己的知识创造财富。例如，很多会写作的人，通过公众号写作吸引了很多"粉丝"，通过打赏和流量变现，创造了财富。还有人会制作视频，通过这种方式获得了可观的收入。除了写作和视频，还有一种当下很受年轻人追捧的方式，那就是演说。

演说不仅能够创造财富，还能让演说者更加自信，对未来充满希望，并且在演说的过程中，可以把自己有价值的思想传递给更多的人，创造出更多的价值。所以说，演说不仅是能够给你实际的收入，更重要的是它能够帮你创造精神财富。这才是最可贵的一点。

不是每个人都天生就是演说家，但是每个人都有机会成为一名优秀的演说家，成功开启自己的致富之路。

本书首先介绍了演说的核心理念，即利他思维。演说的主角是自己，但是演说的核心是向你的听众传递有价值的思想。所以，演说者要从听众的角度出发，说听众想知道的，而不是你想说的。除此之外，要想真正打动听众，演说者要展示真实的自己，并全力以赴投入演说中。这部分内容结合了一些总统和商业大咖的演说案例，生动地让读者了解到，真正的优秀的演说家应该是什么样子，为读者打开通往演说创造财富的大门。

接着，书中用六章的内容介绍了演说创造财富的六大技巧。第一个技巧是演说前的准备，即要做好充足的准备，树立自信；第二个技巧是演说的设计，即要有龙头也要有凤尾，让整个演说显得更加完美；第三个技巧是演说的风格，即声音和姿态，能够增加演说者的个人魅力；第四个技巧是演说的呈现，即演说者可以利用合适的道具，让演说内容更形象、生动；第五个技巧是演说的控场能力，即演说过程中的互动和应变，这要求演说者需要具备良好的心理素质和强大的临场应变能力；第六个技巧是演说的力量，演说者可以通过演说来说服听众，鼓励听众行动，促成最后的成交。

如果你对演说这一概念并不了解，或者说你想成为演说家，却不敢迈出第一步，不知道要如何做，那你就需要打开这本书。通过阅读这本书，你会发现演说的秘密，发现演说的价值，并且可以通过书中提供的技巧和方法，排除自己心中的顾虑，成功走上演说创造财富之路。

目录

第七章　演说的力量：说服与成交

第一章 演说创造财富：利他思维

对于演说者来说，给别人创造价值，也就等于给自己创造了财富。而这就需要演说者具备利他思维，即在演说中，要以听众为核心，以听众的需求为主，真诚地表达自己，尽力满足他们的需求。

演说的力量：分享思想

人和人之间最大的区别，在于思想的不同。有价值的思想，是当下人们迫切追寻的精神食粮。如今，随着社会的不断发展，人们只有不断相互学习，接受自己专业领域之外的思想，才能加深对世界的认识和自我认知，让自己能更好地适应社会的发展，跟上时代的步伐。而演说的力量就在此，能够通过分享有价值的思想，让人们学习到更多的知识，受到更深的启发，进而更好地面对生活，创造自己的财富。

那么如何才能演说？其实，演说并不难。任何一个人，只要懂得分享自己的思想，就能发表精彩的演说。因为，对于演说家来说，最伟大的使命，就是将自己的有价值的思想，植入听众的内心，并让他们坚信它、传播它，并因为它改变自己对世界的认知。所以说，在演讲中，真正重要的东西，并不是你外表衣着的鲜丽，不是你自信的舞台展示，也不是流畅的语言，而是有价值的思想。何为有价值的思想？其实只要能够改变人们对这个世界认识的思想都是有价值的。那么，在演说中，我们该如何分享自己有价值的思想呢？

（1）思想一定要值得分享

分享思想的前提是，你的想法一定要具有价值，能让其他人对世界的认识产生一定的变化。因此，在演说之前，我们必须问自己两个问题：这个想法是否有价值？谁会因此受益？如果我们明确这个想法有价值，能够让听众受益，或者可以改变听众对世界的看法，产生更有益的想法，那么我们就已经具备了一个演说者的潜质。

所以说，有价值的、值得分享的想法，才是演说必备的要素。因此，在演说之前，我们要确保自己的想法有价值。这里需要注意的是，如果这个价值只让你和你身边的人受益，那么对于听众来说，这其实就是不具价值的，这个想法也就不值得传播。因此，衡量价值的标准一定是，对听众而言，具备价值，能够影响他们，改变他们对世界的认识。

（2）只聚焦一个核心思想

演说的目的是为了分享自己有价值的思想。但是这里需要注意的是，我们对不同的事情有不同的看法，甚至很多时候对同一件事，也会存在不同的看法。但是演讲的时间是有限的，听众的精力也是有限的，我们不可能将自己的想法都表达出来。这样不仅会让听众觉得混乱，捕捉不到表达的重点，也让我们无法专注阐述一个想法，导致演说效率降低。因此，为了在有限的时间内将思想的价值最大程度分享给听众，我们需要做的就是聚焦一个想法。

为了聚焦想法，在演说之前，我们首先需要做的是，对自己的想法进行删减，突出最重要、最有价值的想法。也就是说，整场演说，我们只需要关注一个想法，也就是你研究最深入、最富有热情的思想。你可以利用这次演说的机会，将这个想法阐述好，并以最完美的形式传递给听众。在这里需要注意的是，因为单纯分享想法比较空洞，难以支撑自己的观点，所以，这个时候，演说者可以找到核心观点，分享相关的案例，进而让自己的观点能够贯穿整个演说。这样我们的所有思想都会回归到一条线上。一旦想法聚焦，给听众的冲击力度就会更大，观点更容易认可和传播，影响的价值就会越大。

（3）给听众一个关注的理由

人们无论做任何事情都是抱着一定目的的。例如，我们去健身房是想要一个完美的体形和健康的体魄，上班是为了满足生存需求和自我实现需求等。同样，听演说的人，也需要演说者给他一个关注你的理由。

那么，如何吸引你的听众，让他们关注你呢？最好的方式，就是激发听众的好奇心。这就好像游戏一样，游戏中会有不同的关卡，每个关卡有不同的任务，而且这些任务完成后还有对玩家不同的奖励。如果玩家想要知道游戏任务和奖励，那么就必须继续完成游戏里面不同的关卡。游戏的这种模式，就是利用了玩家的好奇心。所以，演说者要想让听众关注你，也需要激起听众的好奇心，让大家对你的想法产生好奇，进而需要关注你，去满足自己的这种好奇心理。

而要激发这些人的好奇心，我们需要提出一些跟自己想法相关的、能够引人深思的问题。这样可以让听众发现，这些想法在他们看来似乎并不合理，需要得到进一步的解释。例如，你可以提出一些在某些人心中尚未意识到的问题，当他们心理上缺失这些知识的时候，他们会想办法去弥补这种缺失。而这时候他们内心的欲望就被激起了，我们再借此问题去阐述自己的想法就变得更加容易了。

（4）用听众熟悉的方式表达思想

分享想法，是建立在观众愿意关注你、愿意聆听你表达的基础之上。所以，任何演说的技巧和方式，一定要符合听众的需要。因此，在演说的过程中，我们需要了解听众现有的知识体系，并在这个基础之上，运用自己语言的力量，将自己的观点和听众原有的知识编织在一起。换句话说，我们需要从听众的角度出发，用听众原本知晓的概念和熟悉的方式，去表达自己的观点。

在演说中，很多演说者是行业的精英，他们具备很强的专业知识。但是，很多时候，专业的术语和概念，并非外行的听众能听懂的。这样的表达方式，很容易给听众造成困扰，让他们难以很快理解你所传递的思想。时间久了，会让他们产生思想上的疲倦，进而会放弃听你的演说。

因此，为了避免这种情况产生，演说者需要掌握一定的演说技巧，例如可以利用比喻的方式，来形象化、具体化专业知识。因为采取比喻的形式，能够将听众现有的知识和演说者要传递的知识连接起来，形成一个整体的结构。当传递的知识结构完整了，你所传递的知识就更形象了，听众也会更深刻理解所传递的思想。因此，在演说之前，我们需要对听众有足够的了解。这样才能基于他们喜欢的方式和现有的知识体系，达成更完美的结果，更深入地传递思想。

综上，演说简单来说，就是在有限的时间内，让听众明白你所表达的思想。所以说，演说的力量，就是分享思想。但是分享思想的前提是，你的想法必须有价值，且只能聚焦一个想法，并且你要用听众熟悉的方式，吸引你的听众，让他们对你的想法产生兴趣，愿意聆听你的分享。只有确保这几点，你才能更好地分享你的思想，传递思想的价值，改变听众对世界的认识。

从听众内心深处的渴望出发

演说，其实就是一场心理博弈。演说者要想成为真正意义上的演说家，更重要的不是讲自己想讲的，而是要懂得听众内心的渴望，讲听众想听的。

在一个遥远的古老的小国家，有两个非常出名的木匠，他们俩的技艺难分高下。有一天，国王心血来潮，想要使这两个人一分高下，选出天下第一木匠。于是，国王召来了这两个人，举办了一场为期三天的比赛。比赛的题目是雕刻鱼。谁雕刻的鱼最逼真，谁就是"天下第一木匠"。比赛期间，两个木匠为了取得胜利，都不眠不休地展开工作。到了第三天的时候，他们将雕刻好的鱼呈给国王评判。第一个木匠雕刻的鱼，栩栩如生，连上面的鱼鳞都会翻动。而第二个木匠雕刻的鱼，只是远远望去像一条鱼，只有鱼的神态，没有鱼的形态。

国王觉得这个比赛的结果一目了然，于是宣布第一个木匠获胜。但是这时候，第二个木匠开始反驳，他认为国王的评价并不合理。他认为，要看雕刻的鱼是不是逼真，需要由猫来决定，猫的眼光比人更加锐利。国王听了之后，觉得不无道理，于是答应了第二个木匠的要求。让大家万万没想到的是，猫跑出来之后，直接扑到第二个木匠雕刻的鱼上，抢夺、啃咬。就这样，国王不得不将"天下第一木匠"的称号颁给第二个木匠。原来第二个木匠是用鱼的骨头雕刻的鱼，而对于猫而言，它根本不会在乎雕刻出来的像不像鱼，而在乎的是鱼腥味。

第二个木匠之所以能成功，并非他的技术超过了第一个木匠，而是因为他知道猫内心的渴望和需求。同样，演说也是如此，我们必须从听众内心的渴望出发，挖掘对方的需求，才能让我们的演说更加精彩，为听众传递更多有价值的思想。

（1）洞悉人心，了解听众的需求

《孙子·谋攻篇》里有句话这么说：知己知彼，百战不殆。这句话的意思是，对敌我双方的情况都能了解透彻，打起仗来就不会危险。同样，要说服听众接受你的思想，就需要洞悉他们的心理，了解他们的需求。也就是说，我们要明确地知道他们要听的是什么，心里存在的疑虑是什么，有哪些心理需求等。尤其是要抓住听众的"痛点"，一旦痛点被戳中，就很容易引起共鸣，听众心理上的需求自然会得到满足。

但是实际的演说中，有很多演说并不能满足听众真正的内心需求。主要原因在于，演讲者总是站在自己的角度考虑，这种主观的思考很难挖掘听众真正的需求。因此，为了改变这种情况，让你的听众相信你所表达的内容，我们需要站在听众的角度去思考，去表达听众想听到的，而不是我们想表达的。

（2）抓住人心，让听众愿意听你讲话

洞悉听众的内心，了解其内心的需求后，就需要进一步激发他们内心的需求。而要做到这一点，就需要抓人心，让听众愿意听你讲话，否则所有的表达都会失去意义。而要抓住人心，我们需要从两个方面来做：

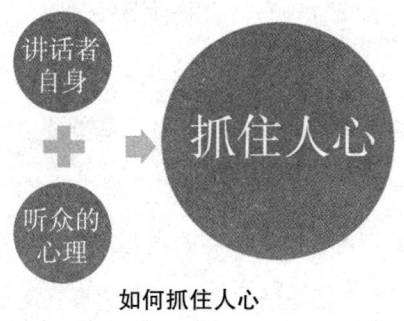

如何抓住人心

第一个：讲话者自身。讲话者自身必须具备一种独特的"魅力"，能够抓住听众的心，被听众所喜好。自身的魅力需要通过外表、演说累积的经验等来培养。

第二个：听众的心理。演说者要防止听众出现注意力不集中、思想偏离等情况。不能做到这一点，往往是因为听众不能专注于一个话题，很容易因为其他事情分心。要抓住听众的心，就需要懂得用适当的话语来聚焦听众的注意力。如何才能做到这一点呢？

首先，我们可以提出一些引人深思的问题，让所有的听众都能积极参与其中，找到自己的存在感。简单来说，我们必须要调动听众的积极性。例如，不断地提问、追问、旁敲侧击等。其次，要让你的听众得到心理满足。如果听众在演说的过程中，一直得不到心理满足，他们很快就会对演说失去兴趣，注意力很快就会分散。因此，演说者在演说的过程中，要让听众的心理需求得到满足。例如，实事求是地称赞听众的想法。最后，讲大家都关注的话题。演说一定要讲大家关注的话题，只有讲一些大家都关注、都认为重要的事情，才能更容易抓住人心。

（3）打动人心，满足听众的需求

从听众内心深处的渴望出发的最终目的，就是要打动人心，满足听众的需求。那么，在实际的演说中，要如何才能打动人心呢？

→ **用你的真情实意感动对方**。有句话说"动之以情，晓之以理"，这句话的意思是要以情动人，以理服人。同样，在演说中更是如此。要打动听众的心，就需要将情跟理进行巧妙的结合。所以说，演说仅仅靠大道理是行不通的，因为人是感性动物，要想让对方动心，我们必须让对方感受到我们的真情实意。

→ **要展现自己的气势**。这里所谓的气势，并非指声音大，气势凌人，而是演说者要非常有逻辑，且流畅地向听众表达自己的观点。此外，演说者的表达必须严谨，不能前后表达出现矛盾，让听众对你的想法产生怀疑。只有当演说者能流利表达出严谨、有价值的观点时，听众才能被演说者吸引、打动。

→ **表达的内容要具有权威性**。要想打动你的听众，让你的听众信服你，你所表达的内容就一定要具有权威性。如何让自己的讲话更具权威性？在演说中可以引用权威人士的话语或相关的案例，增加语言的说服力。此外，可以使用一些表达手法，如对比、类比等，这样才能让你的观点更生动、形象，听众才能更深入了解，进而才会被打动。

演说，总的来说，就是吸引你的听众，让他们愿意听你讲话。而要让他们愿意听你讲话，就需要洞悉他们的心理需求，激发他们潜在的心理需求，然后打动他们的内心，满足他们的需求。简单来说，演说，需要从听众的内心的渴望出发，传递听众内心渴望得到的价值。

展示一个最真实的你

美国著名人际关系学大师戴尔·卡耐基曾经说过：一个成熟的演讲者，从不掩饰他们自身的某些缺点和不幸。在演说中，向听众展示最好的一面，固然能给听众更多的力量和信心，但是，向听众展示自己的缺点、软弱甚至伤痛，并深入剖析产生这些问题的原因，以最真实的一面呈现给听众，反而会更打动人心，更具有说服力。

国际著名东方学大师季羡林，曾经在一次演说中，很真诚地表达了自己内心的"悔"。季羡林在演讲中说："我最深切、最真实、最难忘的悔，也就是永久的悔，就是：离开故乡，离开母亲。我出生于山东一个极端贫困的村庄里。我们家是贫中之贫，真可以说是贫无立锥之地。我在母亲身边只待到六岁，就离开亲生父母，为省城的叔叔家所收养。我最初懵懵懂懂，理解得并不深刻。到了上高中的时候，自己大了几岁，逐渐理解了。我暗暗地下定了决心，立下誓愿：一旦大学毕业，自己找到工作，立即迎养母亲。然而没有等到我大学毕业，母亲就离开我走了，永远地走了。古人说'树欲静而风不止，子欲养而亲不待'，这话正应到我身上。我后悔，我真后悔，我千不该万不该离开了母亲。世界上无论什么名誉，什么地位，什么幸福，什么尊荣，都比不上待在母亲身边。"

季羡林在这段演说中，表达了自己的悔恨，也深入剖析了自己的"痛点"，运用自己身上真实发生的故事，表达了自己真切的情感和未对母亲尽赡养义务的愧疚之情。一个一生获得那么多荣誉的人，最后悔的竟然是没有待在母亲身边，好好赡养母亲。这不禁会让很多听众感触颇深，劝告自己一定要趁父母健在的时候，多花时间陪伴。而这就是真实表达自我的力量所在，它并不会影响你在听众心里的地位，会让听众更加信赖你。因为，只有真实存在的事情才能打动人心，让人信服，虚假的东西迟早会被拆穿，不仅不会让听众信服，反而会使演说者在表达的时候，丧失语言的力量。

然而在实际的演说中，很多演说者为了在听众面前树立一个完美的形象，会刻意隐藏真实的自己。但是"群众的眼睛是雪亮的"，你的不真实很容易在他们面前败下阵来。最终只会导致听众降低对你的信任度，你的演说也自然会失败。所以说，演说者在演说中，需要展示一个真实的自己，以真诚打动你的听众。

（1）接纳不完美的自己

作为演说者，我们要知道，你并非"圣人"，所以不要害怕听众会发现你身上的缺点。你只要尽情地去展示就行，相信你的听众会接纳一个真实的你。在演说中，你要让他们知道，你跟他们一样，在某方面有缺失，是一样会哭会笑的人。因为只有这样，听众才会有代入感，才会愿意去接受你传递的思想，并且真切希望通过这种思想改变自己对世界的认知，重塑完美的自己。

但是如果你一直给听众展示的是一个完美无瑕的形象，那么不但不会激励听众，给听众信心和力量，反而会让听众对你产生怀疑。他们会想，像演说者这样没经历过困难，一直都顺风顺水的人，只是少数。听众会认为这些都是天赐的，不可能会改变，进而很可能会认为你的表达只是在炫耀自己优越的社会地位，然后会放弃听你的演说。所以，这种不真实的展示不但不会让听众信服你，而且会让听众对你产生抗拒心理。而展示真实的自己，反而会拉近彼此之间的距离，让听众更愿意接受你传递的思想，并愿意将这种思想继续传播。

而展示真实的自己，让听众接纳自己的前提是，首先我们要学会自我接纳。我国古代教育家孔子曾经说过：人非圣贤，孰能无过？这句话的意思是，我们都不是圣人，谁都会犯错误。同样，作为演说者，虽然是在向别人传递自己最有价值的思想，但并非说我们就不会犯错误。其实，很多时候，最具价值的思想，往往是因为演说者自身经历过，犯过错误才总结出来的观点。这种观点对听众而言，会更有说服力。所以，作为演说者，首先要学会接纳不完美的自己，然后通过自己真实的故事，去向听众传递更具价值的思想。作为演说者，你一定要相信，展示真实的自己，你的听众一定会接纳你。

（2）展示你的真诚

中国著名的演说家乐嘉曾经说过一句话：观众对于镜头后面的事情什么都不知道，但是他们有一个天生的本事，就是知道你真不真诚。所以说，演讲并不只是要掌握技巧，更重要的是要展示你的真诚。因为听众都是有感情的，刻意地采取技巧迎合听众，反而会让听众产生抗拒心理，而用真情实意演说，表达真实的自己，则更容易打动你的听众。

对于听众而言，他们其实是最聪明、最知道自己想要什么的人。一个不真实的、虚伪的演说，必定会让他们反感。这种不真诚的演说也不可能成为一个好的演说。换句话说，如果没有真诚的表达，你的演说，就如一个没有情感、设计出来的电影一样。这种演说不是分享思想，而是一场个人的独角戏。相反，如果你的表达更真实，让观众感受到你的真诚，即便演说过程中出现了一些小的失误，你的听众也会很自然地选择原谅你。

所以说，演说实际上并不是用技巧说明自己的观点，而是用真诚的表达跟听众分享自己的观点。演说者在表达的过程中，需要结合自身的实际情况和遇到的真实事件来表达自己的所见所闻所想，并要适当暴露自己的一些"缺点"，让观众感受到表达内容的真实性和可信度。因此，评判一个演说者演说水平的高低，看的并不是对方对演说技巧的运用，不是对方的语言流畅度，也不是对方的演说经验，而是对方敢不敢面对真实的自己，能不能用真诚的心态来表达自己的观点，向听众传递真实有效、有价值的信息和思想。

总的来说，好的演讲就是关于演说者向听众讲的一个真实的故事。演说者需要将这个酝酿已久、感情真挚的故事分享给听众，让思想再次碰撞，擦出火花，进而产生更多的价值。当然，这个真实的故事，一定是要来自真实的个体体验，并且要有演说者个人的独立思考，一定是演说者认为最有价值、最想说、对听众会产生很大影响的故事。简单来说，演说者表达的故事不能假，情感更不能假。演说者要记住，任何好的演说技巧和方法，如果没有真实的故事和情感来依托，那么也就意味着你的演说是一个架空的建筑，只会走向失败。

全力以赴地投入演说

　　如今的社会不仅是经济共享的社会，更是信息、文化共享的社会。而演说的舞台，是文化共享和交流的圣地。所以作为演说者，当你站上舞台的那一刻，你就需要把握机会，全力以赴地投入演说中，与听众分享思想，传递文化和精神，让社会得以更快地发展和进步。

　　身为演说者，当我们站在舞台上的那一刻，我们就要知道，自己将赋予这个舞台多大的意义和价值。也就是说，我们要明确、清楚地知道我们的身份是什么，我们站在这个舞台上的目的是什么，我们将为坐在舞台下的听众带来什么。例如：一个歌手站在舞台上的使命是，给台下的听众带去美妙绝伦的歌声；一个魔术师站在舞台上的使命是，给观众带去震惊的魔术表演；一个舞蹈家站在舞台上的使命是，给观众呈现一段优美的舞蹈；而作为一个演说家的使命是，要全力以赴投入到演说中，跟听众一起分享最具价值的思想。那么，作为演说者，该如何全力以赴地投入演说？

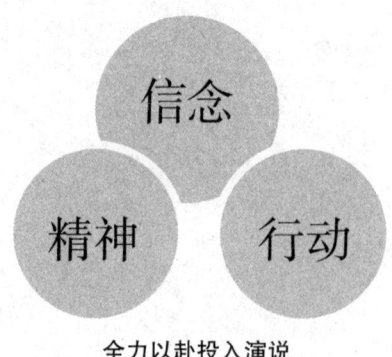

全力以赴投入演说

（1）投入信念

无论做什么事情，必须要坚定信念，你才能取得成功。而作为演说者，我们要做的是向听众传递文化理念，共享文化。这对演说者来说，是责任重大的使命。所以，演说者要坚定共享文化、传递文化的信念，并将这种信念投入自己的演说中，进而改变人们对世界的认知。

著名总裁演说教练李章珍曾经说过："舞台演说，是为了更好地宣导企业理念，传播企业影响力；为了更顺畅地描绘梦想，陈述使命，凝聚团队人心；为了共享精神文化，激发员工士气，让他们无往不胜；是为了在润物细无声中用知识的力量感化别人。"所以说，站在舞台上，演说者需要全力以赴地实行文化共享，给人们更多的勇气，而这也正是演说者赋予舞台最大的价值。

对于演说者来说，演说的意义不在于有多少人能购买自己的产品，而在于有多少人能记住你，记住你所分享的文化。因为文化对于一个民族来说，是最大的价值。任何没有文化传承的国家或民族，都像是一个只有肉体，没有精神的躯体，这将是一件可怕的事情。所以，作为演说者，一定要坚定自己分享价值、共享文化的信念，并在演说中抛开一切顾虑，全力以赴地将自己的信念投入演说中，让台下的听众能够听懂你所分享的文化，接受并传播它。

（2）投入精神

精神文明是人类发展最为关键的产物。所以，作为演说者，除了要全力以赴投入自己的信念，传递文化，还需要坚定自己的精神，并将这种精神传递下去，感染更多的人。而要做到这一点，就需要演说者全力以赴，展现自己语言的魅力和感染力，让观众感知到精神的力量。

有人曾经说过：人类的每一次进步，都离不开语言。古今中外，任何一个国家都要依赖语言来发展。据相关数据统计，世界上很多国家就是通过舞台的公开演讲，实现了历史的转折。

美国著名社会活动家马丁·路德·金曾在演讲《我有一个梦想》中这样说道：朋友们，今天我要对你们说，尽管今天和明天困难重重，但我依然怀有一个梦。这个梦深植于美国梦之中。我梦想有一天，这个国家将会奋起，实现其立国信条的真谛。我们认为这些真理不言而喻："人人生而平等。"我梦想有一天，在佐治亚州的山岗上，昔日奴隶的孩子能够同奴隶主的孩子同席而坐，亲如手足；我梦想有一天甚至连密西西比州，一个非正义和压迫的荒漠，也会改造成自由和公正的青青绿洲；我梦想有一天，我的四个小女儿将生活在一个不是以肤色，而是以品格的优劣作为评判标准的国家里。我今天怀有一个梦想。我梦想有一天，亚拉巴马州会有所改变，尽管那里种族主义者猖獗，尽管该州州长仍旧在滔滔不绝地说什么要对联邦法令提出异议和拒绝执行，但总有一天，那儿的黑人儿童与白人儿童如兄弟姐妹般地携手并行。

马丁·路德·金通过震撼人心的演说，向人们传递了一种民族平等的观念，传递了公平的社会文明。这一举动的价值是，他改变了美国白人对黑人长达两百多年的种族歧视的思想观点，以及美国的法律和社会生活，成为黑人命运转变的重要转折点。从马丁·路德·金的演说中，我们不难感受到语言的力量。

所以说，语言对于演说而言，不仅是一种文化传播方式，还是精神传播最好的方法。演说者的语言背后，深藏的是人的思维和观念，是一种以演说的形式向人们传递价值观、世界观和精神力量的表达方式。实际上，那些成功的演讲，无一不是在向人们分享思想，传递精神。所以，作为演说者，当我们站在舞台上的那一刻，我们就要将自己当成一种精神的象征，然后全力以赴，将这种精神传递给听众，以改变他们对世界的认知，进而改变他们的行为。

（3）投入行动

很多演说者在上台的时候，会因为各种因素，导致自己状态不佳，最后无法顺利完成演说。其实，作为演说者，要想成为真正的演说家，向台下的人全力以赴传递文化和精神，我们需要做的是，全力以赴用自己的行动，去完成这次演说。

所以，上台的时候，演说者就要抛开自己的顾虑和紧张，将自己的智慧和光芒展现在舞台上，全力以赴去完成自己的演说。演说者站在舞台上的时候，一定不能三心二意，要明确自己要传递的文化和精神，让听众能够获取更有价值的思想。如果演说者没有全力以赴，耽误的不仅是自己的时间，更是大家的时间。试想一下，如果一场演说活动，参加的人数是1000人，你的演说需要两个小时才能完成。而你没有全力以赴的话，浪费的将是1000个人的两个小时，对于时间就是金钱的听众来说，你不仅没有给他们传递价值，反而让他们的利益受到了损失。那么对于他们而言，你的演说注定是失败的。因此，对于演说者而言，你的责任是重大的，你不仅是要对自己这份工作负责，你更要对台下满怀期待，想要获取更多价值的听众们负责。

但是有人会说，我一个小型的演说，就几个人，我不需要那么卖力去演说。但是我们要知道的是，在互联网时代，最流行的模式是"口碑营销"。你每一场演说，都是在为自己做"广告"，无论你的听众是一个人，还是几千人，他们的影响力都不是你能估算的。所以，当你的听众人数不多的时候，你更要全力以赴去演说。或者把自己当成自己最忠实的听众，讲给自己听，并且完全可以将这次演说当成一次练习的机会。一旦遇到成千上万人的大型演说，你就更能把握机会，一举成名。

机会是留给有准备的人，更是留给能够全力以赴地投入演说，传递文化和使命的演说者的。

总统竞选的激情演绎

《读者文摘》曾经做过"在美国人心目中什么事情最可怕"的研究调查，调查报告显示，死亡仅仅排在第二位，比死亡更可怕的是"演讲"。正是因为如此，美国人才会对演说投入很大的激情，因为能成功地进行一场演说就足以说明一个人的能力。因此，美国的总统竞选，也必须进行激情的演说。

以下是奥巴马竞选总统的演讲稿内容节选：

芝加哥的市民们，你们好！

如果还有人对在美国是否凡事皆有可能这一点存疑，还有人怀疑美国奠基者的梦想在我们所处的时代是否依然鲜活，还有人质疑我们的民主制度的力量，那么今晚，这些问题都有了答案。这是设在学校和教堂的投票站前排起的前所未见的长队给出的答案；是等了三四个小时的选民给出的答案，其中许多人都是有生以来第一次投票，因为他们认定这一次肯定会不一样，认为自己的声音会是这次大选有别于以往之所在。

这是所有美国人民共同给出的答案——无论老少贫富，无论是民主党还是共和党，无论是黑人、白人、拉美裔、亚裔、原住民，是同性恋者还是异性恋者，残疾人还是健全人——我们从来不是"红州"和"蓝州"的对立阵营，我们是美利坚合众国这个整体，永远都是。

……

我要感谢我在这次旅程中的伙伴——已当选美国副总统的拜登。他全心参与竞选活动，为普通民众代言，他们是他在斯克兰顿从小到大的伙伴，也是在他回特拉华的火车上遇到的男男女女。

如果没有一个人的坚决支持，我今晚就不会站在这里，她是我过去16年来最好的朋友、是我们一家人的中坚和我一生的挚爱，更是我们国家的下一位第一夫人：米歇尔·奥巴马（Michelle Obama）。萨莎（Sasha）和玛丽亚（Malia），我太爱你们两个了，你们已经得到了一条新的小狗，它将与我们一起入住白宫。虽然我的外祖母已经不在了，但我知道她与我的亲人肯定都在看着我，因为他们，我才能拥有今天的成就。今晚，我想念他们，我知道自己欠他们的无可计量。

……

但最重要的是，我永远不会忘记这场胜利真正的归属——它属于你们。

我从来不是最有希望的候选人。一开始，我们没有太多资金，也没有得到太多人的支持。我们的竞选活动并非诞生于华盛顿的高门华第之内，而是始于得梅因、康科德、查尔斯顿这些地方的普通民众家中。

我们的竞选活动能有今天的规模，是因为辛勤工作的人们从自己的微薄积蓄中拿出钱来，捐出一笔又一笔5美元、10美元、20美元。而竞选活动的声势越来越大则是源自那些年轻人，他们拒绝接受认为他们这代人冷漠的荒诞说法；他们离开家、离开亲人，从事报酬微薄、极其辛苦的工作；同时也源自那些已经不算年轻的人们，他们冒着严寒酷暑，敲开陌生人的家门进行竞选宣传；更源自数百万的美国民众，他们自动自发地组织起来，证明了在两百多年以后，民有、民治、民享的政府并未从地球上消失。这是你们的胜利。

……

前方的道路会十分漫长艰辛。我们可能无法在一年甚至一届任期之内实现上述目标，但我从未像今晚这样满怀希望，相信我们会实现。我向你们承诺——我们作为一个整体将会达成目标。

美国，我们已经走过漫漫长路。我们已经历了很多。但是我们仍有很多事情要做。因此今夜，让我们自问——如果我们的孩子能够活到下个世纪；如果我的女儿们能够有幸像安·尼克松·库帕那样长寿，他们将会看到怎样的改变？我们将会取得怎样的进步？

现在是我们回答这个问题的机会。这是我们的时刻。这是我们的时代——让我们的人民重新就业，为我们的后代敞开机会的大门；恢复繁荣发展，推进和平事业；让"美国梦"重新焕发光芒，再次证明这样一个基本的真理：我们是一家人；一息尚存，我们就有希望；当我们遇到嘲讽和怀疑，当有人说我们办不到的时候，我们要以这个永恒的信条来回应他们：是的，我们能做到。

感谢你们。上帝保佑你们。愿上帝保佑美利坚合众国。

奥巴马用自己的激情、智慧和口才打动了全美国的人民。作为一名非裔美国人，奥巴马在其演讲中，生动地讲述了自己的成长经历、价值取向以及对战争、对金融危机、对医疗改革的态度。此外，对政治和社会方面的诸多问题，也提出了改革方案，并传达了要让国家变得更加强大的决心。正是这种真诚而有力量的演说，打动了美国民众的心。

此外，南非的首位黑人总统，被称为"南非的国父"的纳尔逊·罗利赫拉赫拉·曼德拉，同样靠演说创造了前所未有的影响力。

在任职总统前，曼德拉是积极的反种族隔离人士，同时也是非洲人国民大会的武装组织民族之矛的领袖。但是，他组织的这种运动，惹怒了南非法院，法院以密谋推翻政府等罪名定了他的罪。为此，他在狱中度过了27年。但是，这些都不足以将他压垮。1990年出狱后，他通过自己的演说，继续推动多元族群民主运动，并取得了一定的反响。而取得这么大成就主要归功于其激情的演说！可以说，曼德拉是用自己的演说，换来了人们的自由。也许有些人对曼德拉这位总统并不是很熟悉，但是说到奥巴马，相信大家都听过他的演说，并被他精彩的演说深深吸引。

无论是"南非的国父"曼德拉，还是美国第44任总统奥巴马，都是凭借出色的演说能力，征服了民众，最终坐上总统的位置。由此可见，一场精彩的演说所爆发的力量是多么强大！当你站在台上像总统竞选那样激情演绎的时候，你才能打动你的听众，改变他们的认知。这样的演说，不仅能传递更具价值的思想，成就对方，更能成就自己。

商业大咖的真诚表露

在近年的商业发展中，很多商业大咖并不会举行大的促销活动，而是会举办个人的演说，以自己的真诚表露去打动自己的顾客，让他们主动购买自己的商品。这就是演说带来的影响力，也是商业大咖为自己产品赋予的竞争力。

说到商业大咖的演说，我们自然会想到马云、刘强东、王健林和乔布斯。这些人物在商界的影响力是大家有目共睹的。很多人因为产品而认识他们，但是听完他们的演说后，发现产品只是他们的一部分，他们给人们带来更多的不是产品，而是比产品价值更高的思想。

史蒂夫·乔布斯，被人们称为"苹果之父"，是美国苹果公司的联合创办人、前执行总裁。他经历了苹果公司的兴衰起伏，也实现了苹果帝国的顺利转型。他设计的苹果手机风靡全球，一度成为各国家的热门话题。可以说，他深刻改变了当代人们的通信、娱乐和生活方式。换句话说，乔布斯用自己的智慧和创新改变了人们的生活，更是用激情而真诚的演说，打动了听众，让大家不仅选择自己的产品，还会将自己对产品，乃至对生活不断创新的理念传递下去。所以说，要想成为演说家，我们需要懂得如何用真诚的表露去打动听众，进而去改变他们。

2005 年，乔布斯在美国斯坦福大学的毕业典礼上有一次堪称经典的演说，以下为演说的节选：

我今天很荣幸能和你们一起参加毕业典礼，斯坦福大学是世界上最好的大学之一。我从来没有从大学中毕业。说实话，今天也许是在我的生命中离大学毕业最近的一天了。

……

当我年轻的时候，有一本叫作《全球概览》的杂志，它是我们那一代人的"圣经"之一。它是一个叫斯图尔特·布兰德的家伙在离这里不远的门罗帕克市编辑的，他像诗一般神奇地将这本书带到了这个世界，那是20世纪60年代后期，在个人电脑出现之前，所以这本书全部是用打字机、剪刀还有拍立得相机做出来的。有点像用软皮包装的谷歌，在谷歌出现35年之前。这是理想主义的，其中有许多灵巧的工具和伟大的想法。

斯图尔特和他的伙伴出版了几期的《全球概览》，当它完成了自己使命的时候，他们做出了最后一期停刊号。那是在20世纪70年代的中期，我正是你们的年纪。在最后一期的封底上是清晨乡村公路的照片（如果你有冒险精神的话，你可以自己找到这条路的），在照片之下有这样一段话："求知若饥，虚心若愚。"这是他们停止了发刊的告别语。"求知若饥，虚心若愚。"我总是希望自己能够那样，现在，在你们即将毕业，开始新的旅程的时候，我也希望你们能这样：求知若饥，虚心若愚。

非常感谢你们！

乔布斯在这次演讲中，并没有表达什么豪言壮志，而是用自己的故事，讲述了对未来的憧憬。这不仅展现了一个成熟企业家的风范和魅力，让听众清楚地知道自己成功的原因，而且用自己的真情表露，打动了在场的听众，让他们能够深刻感受到，只要努力求知，一定会走向自己想要的未来。可以说，乔布斯的演说不仅仅是将苹果公司推向了全新的高度，更是向听众传达了一种高于产品的思想和精神。而做到这一点，最为关键的就是演说中的真情表露。

但是，很多演说者为了证明自己的实力，会将自己的生平事迹夸大，甚至包装得完美无瑕。但是这种虚伪的表达，虽然会让在场的人为之震惊，但是震惊背后藏着的是人们的怀疑和不解。所以，演说家要想自己的演说发挥出更大的效果，创造更多的价值，你要做的就是表达的时候，一定要做到真情流露。对于商业大咖来说，你的真情不仅会给你自己的演说加分，更会对你的产品和企业造成极大的影响力。而这种影响力，远远超出了商品本身的价值。

除了从乔布斯身上可以看到商业大咖的真诚表露外，在我国商业界最具影响力的马云，也是一个在演说中，利用真诚表露吸引听众，让听众主动投资自己的演说家。

马云是阿里巴巴集团的主要创始人之一，可以说是一个用演说征服世界的商业大咖。马云的演说幽默风趣，且透露着真诚，能够迅速抓住听众的心，让听众能够不知不觉中被自己的真诚所征服。下面节选一段马云首次登陆雅虎所发表的演说：

今天是我第一次和雅虎的朋友们面对面交流。我希望把我成功的经验和大家分享，尽管我认为你们其中的绝大多数勤劳聪明的人都无法从中获益，但我坚信，一定有个别懒得去判断我讲得是否正确就效仿的人，可以获益匪浅。

让我们开启今天的话题吧！

世界上很多非常聪明并且受过高等教育的人，无法成功，就是因为他们从小就受到了错误的教育，他们养成了勤劳的"恶习"。很多人都还记得爱迪生说的那句话吧：天才就是99%的汗水加上1%的灵感，并且被这句话误导了一生。勤勤恳恳地奋斗，最终却碌碌无为。其实爱迪生是因为懒得想他成功的真正原因，所以就编了这句话来误导我们。

很多人可能认为我是在胡说八道，好，让我用100个例子来证实你们的错误吧！事实胜于雄辩。

世界上最富有的人，比尔·盖茨，他是个程序员，懒得读书，他就退学了。

他又懒得记那些复杂的命令，于是，他就编了个图形的界面程序，叫什么来着？Windows。于是，全世界的电脑都长着相同的脸，而他也成了世界首富。

必胜客的老板，懒得把馅饼的馅装进去，直接撒在发面饼上边就卖，结果大家管那叫比萨，比10张馅饼还贵。

……

还有更聪明的懒人：

懒得爬楼，于是他们发明了电梯；

懒得走路，于是他们制造出汽车、火车和飞机；

……

这样的例子太多了，我都懒得再说了。

回到我们的工作中，看看你公司里每天最早来最晚走，一天像发条一样忙个不停的人，他是不是工资最低的？那个每天游手好闲，没事就发呆的家伙，是不是工资最高？据说还有不少公司的股票呢！

我以上所举的例子，只是想说明一个问题，这个世界实际上是靠懒人来支撑的。世界如此的精彩都是拜懒人所赐。现在你应该知道你不成功的主要原因了吧！

懒不是傻懒，如果你想少干，就要想出懒的方法。要懒出风格，懒出境界。像我从小就懒，后来懒的时间长了就长了一身肉，这就是境界。

马云的这段演说，可以让在座的听众拍手叫好。他没有强烈表达励志的言辞，而是让大家要学会"懒"。这是很多人都觉得不对，但是又克服不了的事情，而马云通过自己的举例和真诚的表达，让人们能进一步认识到，要如何"懒"才能取胜。这种幽默而真诚的表达，无疑会吸引听众，让听众信服自己。所以说，马云的演说之所以能征服听众，主要是因为他敢于揭露一些大家回避的问题，并通过自己真诚的表达，传递有价值的建议和思想，让人们深入认识问题，改变自己的思维，进而创造更多的价值。

　　无论是"苹果之父"乔布斯，还是阿里巴巴的创始人马云，其最大的影响力都来自于它们激情的演说。但是，演说单单是激情远远不够，因为你要向人们传递的是思想和价值观，你需要真诚表露自己的故事和观点，才能打动听众的心，让他们能接受你传递的思想，并将思想继续传播开来。所以说，作为演说者，你要像美国总统一样，激情演说，更要像乔布斯、马云这样的商业大咖一样，用你的真诚表露，打动你的听众，为自己和企业赢得更多的机会。

不可不知的演说小秘密

每个人都是独特的，也正是因为这种独特，将我们跟其他人区分开。所以说，独特的自己，其实就是属于个人的品牌，我们只要能打造一个强大的独立品牌，演说也就更容易取得成功。但是，很多演说者，为了能够成为著名的演说家，他们会不断去听别人的演说，不断去模仿那些演说大咖，最后他们发现，一味地模仿并不能使他们成为真正的演说家。为什么？因为他们并不知道演说的小秘密——找到适合自己的演说方式，是最好的演说智慧。

对于演说者来说，模仿自己欣赏的演说家并不是不可取，但是前提是一定不能丢掉合适自己的演说方式。否则一味地模仿，只会让你成为第二个你欣赏的演说家。但是对于听众来说，第一个演说家已经对他们产生了很大的影响力，他们愿意信任他，并接受他传递的知识，对于第二个模仿他的人，很多听众会持有怀疑的态度。就好像是正品复刻出来的产品，无疑人们更愿意选择正品。所以说，要想成为真正的演说家，你可以借鉴演说大咖们的一些经验，但是一定要找到适合自己的演说方式，然后将两者结合，打造属于自己的个人品牌。只有这样做，你才具备一个真正演说家应该具备的智慧。那么要如何做才能揭开演说中不可不知的秘密，展现最佳的演说智慧呢？

（1）你是世界上独一无二的存在

演说，是向听众传递有价值的思想，更是对自己的一种表达。所以，对于演说者来说，最大的优势并非你的语言能力有多强，舞台经验有多么丰富，而在于没有人比你更了解自己。因此，在演说中，我们需要明确地知道我们自己是独特的，我们跟别人不同的思想、性格、表达的方式等，这些都是我们的财富。在演说中，我们需要发现自己的独特之处，并将这些独特发挥到演说中。只有当我们能将这笔财富发挥出最大的效用的时候，我们才有可能形成自己独特的演说风格，成立自己独特的品牌，进而成为一个独具一格的演说家。

1858 年夏天，民主党参议员史蒂文·道格拉斯跟他的对手、共和党的亚伯拉罕·林肯为争夺参议员的位置，展开了一场十分精彩的演说、辩论。道格拉斯的身材比较小，但是小身体里面蕴藏着巨大的能量，他的朋友和支持他的人都称他为"小巨人"。而林肯却恰恰相反，是一个身材高挑瘦弱的人，看上去不像一个要参加竞选的人。这两个人，不但外表看上去存在很大的差异，其性格、思想和立场也截然不同。道格拉斯比较沉稳，演说的气氛比较凝重，但是气势也很宏大，能够震撼到在场的听众。而林肯相反，他的表达方式很幽默，是一个有趣的故事家，能吸引听众，激起听众的欲望。这两个人都是非常著名的演说家，因为都有自己独特的演说方式，并且他们不会因为别人的强大，而去模仿对方，改变自己的方式。反而会更加坚定自己，用自己的方法去说服听众，赢得他们的支持。

试想一下，如果他们双方任意一个人去模仿另一个人的演说方式，那这个人一定会输掉这场比赛。因为模仿永远还是活在对方的影子里，你会失去自我的特色。这种没有特色的演说，听众是不会"埋单"的。所以，在演说前，要告诉自己：你就是独一无二的，你就是自己的"撒手锏"。唯有这样，你才能更有信心，用适合自己的方式，去赢得听众的掌声。

（2）适合自己的才是最好的

很多演说家，会选择一遍遍看乔布斯、扎克伯格、马云等人的演说视频，然后把他们的手势、语气、语调，甚至穿着打扮等全部模仿下来。他们认为，这样就能让自己成为一个演说家。但是千万别忘了：你就是你，你不可能成为任何一个人，你能做的是成为更好的自己。所以，不要一味去从他人身上寻找成功的秘诀，你要在自己身上找到可以成功的优势。而在演说中，这种优势其实就是合适自己的演说方式，进而呈现自己独特的魅力，吸引并征服你的听众。

如何找到适合自己的方式？其实，很简单，就是你自己擅长的演说方式。在这种方式下，你能很轻松、自由地表达自己。而要做到这一点，就必须对自己有一个全面且充分的了解。也就是说，我们要知道自己的优势是什么，我们擅长什么样的演讲方式，我们的劣势是什么，应该规避哪些问题。此外，找到适合自己的演说方式，我们还需要懂得扬长避短，只有这样才能将自己的优势发挥出最大的效用。

演说本身就是一个比较个性化的艺术，它呈现的不只是演说技巧，更是一个人的魅力。所以，要想成为成功的演说家，我们就需要不断挖掘自身的优势，并善于利用自身的这些特点，将自己跟其他人区分开，形成独特的个人魅力，以更吸引听众，并让听众信服自己。

除此之外，我们在演说中，也可以利用演说去发现自己更多的优势，更全面地了解自己，以找到更适合自己的演说方式。例如在演说中，我们需要将自己所有的优势都展现出来，去精心准备一场演讲。然后，在演说的过程中，我们可以收集听众的反馈，了解自己所展现的优势，哪些是听众喜欢的，哪些是听众不能认可的。然后对这些信息进行筛选，分析出最能打动听众、吸引听众的优势，并将这种优势继续发扬下去。

无论是演说，还是工作或者学习，其实成功的方式不只有一种，但是最适合你的方式，才能让你快速取得成功。所以，对于演说者来说，要想快速取得成功，并不是掌握所有的技巧，看无数遍大咖的演说视频，而是要回归初心，认真看清自己的优势和劣势，进而找到更适合自己的方式，展现自己独特的魅力。

将演说创造财富进行到底

在我们的生命中，我们似乎每天都要面临不同的挑战和机遇。而在面对这些挑战的时候，我们必须勇往直前，坚持到底，才能把握住机遇，为自己创造更多的财富。同样，对于一个怀着演说家梦想，希望通过演说创造财富的演说者来说，你要做的也是坚持不懈，直到自己成功。电视节目《超级演说家》第二季的冠军刘媛媛，就是将演说创造财富进行到底的一个最好的例子。

刘媛媛曾经是个说话比较木讷，不善表达的人。甚至经常说错话，遭到别人的误解。直到有一次，因为她遇到自己特别想认识的人，但是因为不知道如何开口表达自己的想法，让机会白白地从自己面前流失。正是因为这件事情触动了她。她暗自下决心，坚持每天写说话日记，记下自己每天说过的话，并分析这些话是不是说得不对，会让别人误解自己，然后再一点点纠正。后来无意间得知《超级演说家》招募选手的信息，她跟自己说，一定要勇敢去尝试，去坚持自己的演说梦想，否则一切都是空谈。虽然过了海选，但是也只是"勉强"过关。直到结束后，她仅仅拿到了鲁豫的一票，其他的评委对她有很大的质疑。但是她并没有被质疑打垮，而是坚持不懈，一路过关斩将，成功登上了冠军的宝座。

刘媛媛，一个演说小白，是如何从普通人逆袭成潜力巨大的演说家的呢？是因为演说技巧？表达能力？《超级演说家》的评委、著名演员林志颖评价说，刘媛媛的演说太过犀利，不适合自己的战队。同为评委的央视著名主持人李咏同样也不看好她，说她音质不好，语言比较通俗。另一位评委乐嘉说，刘媛媛过于紧张，表达不够透彻。也就是说，除了鲁豫，并没有人看好她。所以说，刘媛媛并不是因为演说技巧和语言能力登上了冠军的宝座，她靠的是一颗坚定不移的心。她在面对李咏提出的问题"媛媛，你真的不怨我们没有选你吗"的时候，特别铿锵有力地回了一句"我会让你们后悔的"。而这句话里面，蕴藏的就是坚持的力量，是她的决心和勇气。

所以说，人无论遇到什么样的困难，如果你妥协、放弃，那么你就彻底输了。但是如果你还能坚持，将这件事情进行到底，那么前面等待你的将会是一片光明。人生就是一个需要经历很多磨难，在磨难中不断成长的过程。所以，无须惧怕这些困难。你要做的是面对，并坚持克服困难，去成为自己想成为的人。因此，要成为演说家，将演说创造财富进行到底，你更需要的是坚持的力量。那么，要如何做到坚持不懈呢？

（1）突破心理防线

很多人因为自己害羞、紧张，或者认为自己天生表达能力不强等原因，选择少说，甚至沉默。但是这种逃避的方式，根本不能解决问题。所以，越是表达能力不强，我们越需要打破自己的心理防线，敢于开口说。

其实对于演说者来说，被别人质疑并不可怕，真正可怕的是自我怀疑。自我怀疑，很容易将自己的信心一点点消磨掉，最后甚至可能对日常的人际交往都产生恐惧心理。所以说，将演说创造财富进行到底的第一步，就是要敢于开口去说。不要害怕自己说错，在演说中，通过犯错我们可以知道自己存在哪些方面的缺陷，然后可以有针对性去弥补，让自己的演说能力得以不断地提高。

（2）下定必胜的决心

要想坚持做一件事情，最重要的就是要对自己有信心，要下定必胜的决心。对于演说家来说更是如此，尤其是当自己在演说家的路上遇到困难的时候，一定要有信心和决心，勉励自己只要坚持就可以获得成功。

古希腊天才演说家德摩斯梯尼原来患有口吃。这对于一个想成为演说家的人来说，无疑是一个巨大的阻碍和打击。换成一般人，一定会放弃，因为天生不具备演说家的条件。但是德摩斯梯尼并没有被这种天生的缺陷打垮，他下定决心，采取各种方法来矫正自己的口吃。例如一边爬山，一边朗读；在嘴巴里含着石头练习说话。正是由于这种长期刻苦的坚持，他最终成为一名著名的演说家。

如果德摩斯梯尼没有下定决心去矫正自己的口吃，坚持自己的演说家梦想，那么德摩斯梯尼很可能是一个连话都说不顺畅的普通人。所以说，是他必胜的决心和信念，让他获得了更多坚持的力量，并取得了辉煌的成就。

（3）坚持到底

很多演说者在刚开始遇到困难的时候就开始退缩，他们这种方式，无疑让质疑他们的人取得了"胜利"。所以，对于演说者来说，在面对别人的质疑时，不是用激烈的话语来反驳，更不是逃避问题，而是要坚持到最后，用"胜利"来回击对方，证明自己。

当然，或许坚持到最后，我们并不能取得自己想要的结果。但是在坚持的过程中，我们就是在把握机会，挑战自己，证明自己。在这个过程中，我们也许会遇到很多我们意想不到的困难，但是也正是因为这些困难，让我们能够看清自己跟真正演说家之间的距离，让自己能够明确知道，我们还需要付出多少努力才能达到自己想要的结果。但是如果你不坚持，你只能得到一个答案：失败。其实真正的失败并不可怕，可怕的是，你在成功面前停住了自己的脚步，让自己跌进了黑暗的深渊。

所以，对于演说者来说，重要的并不是演说技巧，或者华丽的语言表达方式，而是一颗坚定不移，要将演说创造财富进行到底的决心。在演说的道路上，我们难免会遇到很多问题——演说大咖的负面批评，观众的质疑声，自我的怀疑等，这些很容易打垮一个演说者的信心，让我们放弃坚持演说的梦想。但是，要想实现梦想，演说者一定要不给自己留后路。你只有敢于开口说，下定必胜的决心，面对困难的时候，迎难而上地坚持，胜利才会属于你。

第二章 演说的准备：树立自信

　　人只有在准备充足的时候，自信心才会上升，才能更好地去完成一件事情。对于演说者更是如此，为了呈现一场完美的演说，在演说前，演说者需要明确知道自己为什么演说，然后还要有清晰的思路，知道自己应该如何去说才能让听众喜欢。记住，机会始终是留给有准备的人的！

想清楚：你为什么演说

做任何一件事，都是有一定目的的，例如减肥是为了有更好的身材，学习是为了获得更多的知识，工作是为了获得更好的收入等。因为只有明确了自己的目的，我们才会明确自己未来的发展方向，才会有动力，去达到这一目的。所以，演说也是如此，在演说之前，作为演说者，首先就要想清楚你为什么演说。而要想清楚地知道这一点，我们需要回答以下几个问题：

（1）你为什么要演讲

演讲其实并不是技巧堆积，更不需要天分。任何一个人，只要认为自己的思想有价值，愿意分享，那么他就可以成为一个演说者。但是很多演说者最大的困惑就在这里，他们认为自己没什么可讲的，或者觉得自己的思想并不具备分享的价值。

但是我们要明确地知道，作为演说者，站在台上的那一刻，就意味着我们要做的是给予，而不是索取。当你专注研究自己的思想，思考要如何让这种思想改变人们对世界的认识，给他们创造更多的价值时，你的思想就是最具价值的。所以，作为一个演说者，在演说之前，我们要知道我们为什么讲。我们不是为了站在台上推销自己的产品和企业，而是分享思想，传递精神，让听众收获更多未知的信息，对世界产生新的认知，进而获得更大的价值。

（2）你要说什么

在想清楚自己为什么演说之后，我们需要清楚地知道，自己是谁，要说什么内容。这也是演说准备工作的关键要点。我们知道，作为演说者，我们的使命是向听众分享思想，传递精神。那么具体的要对他们说什么呢？

演说者要表达的内容必须是听众想听的。所以说，听众的需求决定了演说者要表达的内容。如果演说者根据自己的个人意愿和心情去决定演说的内容，那演说将会失去吸引力，注定会失败。

所以说，清楚地知道听众要听什么，自己要讲什么，是演说成功的关键。因此，必须要对听众有深入的了解，然后根据自己的优势，将演说的内容与听众的需求相结合，进而让听众心满意足。而为了做到这一点，演说者要做的是，不能一味迎合观众，需要有自己的立场，并且要明确知道，听众想要什么，然后扣紧主题，进行精彩的演说。

一般情况下，首先演说者需要找出听众关心的话题。例如，你的听众是企业家，那么他们关心的自然是如何发展企业，如何寻求人才。而这时候，我们就能明确地知道自己为什么要讲，自己要讲什么。

除此之外，我们还需要站在听众的角度，换位思考。很多时候，换位思考，是了解对方需求最简单的一种方式。因此，我们要将自己当成自己的听众，要了解自己作为听众，希望听到什么样的内容。这样，我们就可以根据这种需求，演说相关的内容，激发听众的需求，并满足他们这种需求。

在大多数情况下，演说内容都是根据用户的需求而定的。但是，也存在一些听众，他们根本不知道自己想听什么。遇到这样的听众，不要着急，他们反而能成为你最忠实的听众。你要做的就是，将自己准备好的内容，真诚地表露出来，以此来打动这些听众的心，让他们感受到"踏破铁鞋无觅处，得来全不费工夫"的快感。这时候，你的演说也就成功了。

除了以上这些，作为演说者还需要明确知道"你要讲什么"，最全面的答案取决于听众、演说者和客观事实。所以，不能为了满足需求而迎合听众，这种虚伪的做法很可能让你的听众流失。最好的处理方式是，将这三方面的内容有效地融合到一起。

（3）谁会听你说

除了要明确自己是谁，应该讲什么，演说者还需要明确地知道，听众是谁，你会给听众带来什么。这个问题看上去似乎不好回答，但其实特别简单。作为演说者，我们分享有价值的思想，就是为了让听众能够改变对世界的认识，追求快乐的生活，逃离痛苦。这就是演说者能给听众带来的价值。而具体要如何改变他们，还需要看你的听众是谁，什么样的职业、性格、身份，有哪些不一样的需求。

通常情况下，大部分的听众都是带着一定的目的来听演说的。换句话说，他们希望通过演说满足自己的某种需求。既然听众有需求，演说者能带给听众的，就是尽力满足这些需求。

要想满足听众的需求，给听众带去的一定是有价值的思想。在演说中不能说假话大话，要实事求是地讲述故事，真诚分享思想。你要知道，演说的目的是为了给听众实实在在的建议，让他们能改变思维和行为，进而摆脱困境，过上更好的生活。如果你的演说不能给听众带来这些，那么你很可能会让他们在痛苦中越陷越深，你的演说也注定是失败的。

（4）对方为什么要听你的

很多演说者在演说中，都会遇到这样尴尬的情况，明明自己精心准备了演说，最后观众的表现却非常冷淡。这是为什么呢？就是因为演说者没有准备好回答听众心中的疑问——"我为什么一定要听你说"。

听众为什么一定要听你说？这也是演说者在演说之前，需要认真思考的问题。而要解决这个问题，演说者需要让听众知道，只有你才能帮助他们解决问题，满足他们的需求，其他任何人都办不到。这就需要演说者能够展现自己的独特魅力，并通过自己的感染力掌控全场，调动大家的情绪，在一开始就明确地向观众解答"为什么一定要听你讲"这个问题。

　　所以说，作为演说者，演说之前的准备，并不只是演讲稿和麦克风这些硬件设备，而是要想清楚：你是谁，你为什么要演说，你要向听众传递什么内容，你会给对方带来什么，对方为什么听你演讲。演说者只要能做好准备，回答好这些问题，演说也就成功了一大半。

让观点成为一个故事

一个人每天平均要说 7000 字左右。虽然每天说的话很多，但是到了晚上，甚至到了下午，我们很难记得自己说了什么，那么别人就更难记住你说了什么。为什么？这是因为我们说话的内容比较零碎，话语之间没有逻辑性和黏性。但是作为演说者，如果你表达的内容无法让别人记住，那么你的演说就是失败的。那么，在演说中，要如何让别人记住你的话呢？最好的方式就是，让你的观点成为一个故事，因为所有的故事都是有逻辑性和黏性的。

很多人说，演说者必须要会讲故事。因为对于听众而言，他们很难记住一连串的数字和你的各种观点，但是他们一定能记住一个精彩的故事，并且会将这个故事分享给身边的人。

例如，演说者说到关于电脑维修方面的知识，如果只是简单地说硬件、软件这些专业的术语，很容易让听众失去兴趣。演说结束后，听众也未必记得住这些信息。而如果演说者说："我有一个同事，他当天要参加一个很重要的会议，但是当他打开电脑的时候，发现电脑坏了。正在犯难的时候，他灵机一动，想到了一个办法……"这时候，听众就会聚精会神听下去，并且一定会记住这个故事，记住故事里提到的方法。这就是因为这种表达方式符合我们大脑的运转方式，让人们更容易记住。所以说，对于演说者来说，要想让人们记住你的观点，最好的方式是让你的观点成为一个故事。

那要如何做才能将观点说成故事？我们可以从以下几个方面入手：

（1）描述故事细节

一个完整的故事，必须包括五个要素：何时、何地、何人、何事、何故。只有把这五个要素交代仔细，故事才能表达清楚。

→ **何时**。一定要开门见山，第一时间抓住听众的注意力，吸引他们。一定不能是模棱两可的表述，如"很久以前""很多年前"。这样的表述，会降低故事的水准，让听众怀疑故事的真伪。所以一定要开门见山，准确说明故事的时间，如"上个星期二""2017 年 8 月"等。

→ **何地**。事情发生的地点也是比较关键的因素，场景的交代能将听众拉入故事中，给他们身临其境的感觉，也能够让自己更快进入演说的主题。

→ **何人**。何人的表述一定要有名有姓，有名有姓才显得真实，也方便听众理清自己的思路，否则很容易因为角色而混乱。此外，如果你说"某人"，很有可能会让听众认为你在编故事，听众会失去兴趣，故事也就失败了。

→ **何事**。事情的表述一定要具体化，描述要细节化，让听众能够明确地知道究竟是怎样的一件事。如果事情的表述很含糊，也会有编造故事的嫌疑。

→ **何故**。何故的表述，虽然不是最重要的，但是是对听众心理的一个释放，也需要采用描述性的语言，交代清楚。

（2）讲跟演说主题相关的故事

让观点成为故事的目的是用故事来吸引听众，然后表达自己的观点，并让听众记住观点。所以，作为演说者来说，要明确知道，你讲的故事，一定要跟自己的演说主题相关联，能够利用故事来阐述自己的观点，否则如果故事跟演说主题之间无任何关联，你的故事再精彩，你的演说也是失败的。

美国在 18 世纪的时候，国会有一个比较荒谬的法律规定：有钱人才能当议员。很显然，这种法律规定出台后，很多人会抗议。美国当时最伟大的科学家富兰克林就是其中之一，他对这条法律嗤之以鼻。他说"必须先要有 30 美元，才能够当上议员。而现在我拥有一头价值 30 美元的毛驴，那么我就可以当上议员了。不幸的是，这头毛驴在不久之后就死了，我这个议员就当不成了。今天我就想问一问，我跟这个死去的毛驴，谁才是真正的国会的议员？"

听完富兰克林关于毛驴的故事，下面的人都笑得前仰后合。议员们虽然都觉得这个故事太具有讽刺意义，但是也觉得富兰克林的表述并不是没有道理。于是，就是因为这样一个小毛驴的故事，让这条法律没有通过。

富兰克林之所以能战胜这种荒谬的法律，正是因为他懂得巧妙地将自己的观点放在故事里。这种表述不仅有趣，而且委婉地表达了自己抗拒这条法律的观点，并很清楚地说明了自己的理由。这个时候故事放大并力证了自己的观点，对阻止这条法律通过起到了很重要的作用。因此，作为演说者，你要明确自己演说的主题，然后讲跟主题相关联的故事，并在故事中表述自己的观点。

（3）故事要设置悬念

对于未知的东西，我们都会感兴趣。所以，会讲故事的人，并不会刚开始就把故事讲得特别透彻，反而会留有一定的悬念。我们知道，故事的发生是有因由的，如果要设置悬念，我们其实可以在讲故事的时候，先把结果告诉听众。也就是说，听众只知其然，而不知其所以然。这个时候，就会激起听众的兴趣，他们想要把这个故事听完，找到事情发生的原因，就需要继续聆听你的演说。

所以，作为演说者来说，不要按部就班，以先说原因再说结果的方式去讲故事。试着将故事倒过来说，或许你会发现有意想不到的结果。此外，作为演说者，我们要知道，讲故事并不是我们最终的目的，我们最终的目的是要引起听众的注意，吸引他们的注意力，让他们全身心投入演说中，获取我们分享的思想和观点。所以，讲故事最重要的并非你的故事本身，而在于能不能设置悬念，吸引你的听众。

（4）让故事回到观点

很多演说者在讲完故事之后，就结束了。在他们看来，故事里所包含的观点听众应该都了解了。但是，作为演说者，我们切忌站在自己的角度思考问题，自然而然地认为我们表达的听众都懂了。尤其是讲故事的时候，听众很可能因为专心听故事，并没有认真思考演说者要表达什么内容。

所以，为了让听众更加明确自己的观点，演说者需要在故事结束后，总结升华故事，让故事回到自己的观点上。例如，龟兔赛跑的故事，讲完故事后，我们要总结，这个故事讲的是，人不能轻视自己的敌人，我们时刻都要努力，只要懈怠一刻，很可能就会被人超越。

总而言之，演说者一定要会讲故事。只有讲故事，才能吸引你的听众，并让这种记忆保存得更长久。

准备演讲稿，然后扔掉

美国著名的演说家查尔斯·F.吉特林说："我所要讲的话实在太过于重要，不能写在纸上。我宁可将自己的每分每秒都写在听众的脑海中，印记在他们的情感中。区区一纸讲稿，在我和我要以之感动的听众之间，并无容身之地。"

2018年4月5日，美国总统特朗普在西弗吉尼亚的一次关于税制改革的活动上发表演讲。演讲开始时，特朗普面前放有一份准备好的演讲稿。当演讲进行到大约18分钟时，特朗普突然将演讲稿扔掉了。并说："我读了第一段话，我就觉得无聊，得了吧。我觉得读稿子太无聊了。第一段的时候，我就在想，这也太无聊了吧。"

各大领导开始纷纷脱稿演说，告别了以往的"无稿不成言""无稿不成会""无稿口难言"的现象。这也让演说增添了更多的魅力，于是越来越多的演说者开始效仿领导的做法，实行脱稿演说。这种丢掉形式主义的演说方式，也标志着枯燥、乏味的演讲模式已经过去了。

在此之前，很多干部公开发言时，习惯按照事先准备的稿件照本宣科地读。这种没有任何感情，甚至对演说内容不熟悉，机械读稿的方式，无疑会失去对听众的吸引力。这种做法不仅影响了演说者在公众心目中的形象，而且也让广大听众对于演说者的能力和态度产生怀疑，从而让个人的信誉和威望大打折扣。

事实上，演说本身是一种艺术，而演说稿，则是以写来体现说的艺术。

写出来的文字稿，目的不是给人看（读），而是将无声的文字转化为有声语言，说给别人听，以此来增强文字的感染力。

有人说，不能脱稿的演说者不是好演说者。脱稿演说是衡量演说者能力水平的重要标准。照本宣科的演说者，往往给听众一种长篇大论、说空话套话、不真实的感觉，同时也会因为低头读稿忽略与听众间的互动，降低了演讲的说服力和感染力。反之，脱稿演说一方面体现了演讲者的自信心，真实地表达了演说者的思想；另一方面也展现了演说者的人格魅力，能够更好唤起听众的强烈共鸣。

所以说，成功的演说应该是演说者与听众之间的思想、情感的交流与互动，而不是填鸭式的信息传递。

那么如何将演讲稿扔掉呢？

（1）重在准备

脱稿演说，不代表你要完全抛弃演讲稿。演讲稿能够帮助你回忆演说的大概内容，让自己更有信心站上舞台。所以说，演讲稿的重要作用就是为你的演说做好准备。英国著名演说家丘吉尔曾经说过："如果给我5分钟，我会提前一周准备。"

所以说，准备是一个演说者在脱稿演讲之前必做的功课。当然这种准备，不只是准备演说稿，还有表情、肢体动作、服饰、现场排练等方面的准备。准备不仅是演说顺利进行的必要保证，也是培养语感、树立信心的重要因素。

（2）重在积累

扔掉演说稿的前提一定是你对稿件里的文字已经烂熟于心，不需要借助演讲稿就能明确知道自己接下来要表达的内容。而要想做到这一点，就需要长时间的积累。

"罗马不是一天建成的"，任何成功都不是一蹴而就的。任何能力的培养、经验的积累都需要过程。那些口若悬河、泰然自若、获得无数光环的演说者，他们光环的背后，都是熬过了一个又一个不为人知的黑夜、准备了一次又一次的演说。他们在追求完美演说的路上不断努力着、实践着、付出着。所以，想要拥有超群的演说能力，就要像他们一样努力积累知识和信息。

虽然说有些人天生能言善辩、妙语生花，有些人天生不善言谈、拙嘴笨舌，但是先天的个体差异并不是能否成为脱稿演说高手的决定性因素。例如，日本前首相田中角荣小时候就存在口吃问题，可是他并没有气馁、放弃追求，而是通过不断努力克服了口吃，赢得了人生的精彩。

所以，脱稿发言的演讲能力完全可以通过后天的努力去积累、培养。演说者可以通过有步骤、有针对性的学习、积累，来提高自己的演说能力。

（3）重在灵活性

演讲并不是把整篇内容一字不落、原封不动地背诵下来。演说稿中，除了一些数据、案例、调查等信息要求准确无误之外，其他演讲内容需要灵活运用，否则演说就失去了灵活性，难以吸引你的听众。

在演说中，我们作为听众不难发现，有这样一种现象，即便是完全一模一样的演讲稿，交由不同的人去演说，其结果也会不同。这是为什么呢？这就是演说的灵活性。它不在于你记住多少演说内容，而在于你如何传达内容。我们可以发现，在大多数演说辩论赛中，那些优秀的演说者并不是拥有一流材料的人，而是那些能够凌驾于材料之上，使得演说听起来精妙绝伦的人。

我们来看一个例子：

为了纪念在"5·12汶川地震"中不幸罹难的孩子们，"孩子，你并不孤独"大型慈善赈灾义演活动在北京举行，广播电台主持人余声朗诵了《孩子，快抓紧妈妈的手》。在这个朗诵中，余声并没有选择照本诵读，而是将这首诗全文印刻在脑海里。这是一首十分感人的诗歌。我们来欣赏其中几句：

孩子，快抓紧妈妈的手

去天堂的路，太黑了

妈妈怕你，碰了头

快，抓紧妈妈的手

让妈妈陪你走

妈妈，怕天堂的路太黑

我看不见你的手，自从倒塌的墙

把阳光夺走

我再也看不见，你柔情的眸

孩子，你走吧

前面的路，再也没有忧愁

没有读不完的课本，和爸爸的拳头

你要记住，我和爸爸的模样

来生还要一起走

事实上，余声可以选择照本诵读。但是为了朗诵的灵活性，为了现场的感染力，为了能与观众进行更好的互动、眼神交流，她选择了将整篇诗稿都背了下来，解放出自己的双手和眼睛，以呈现出更好的舞台效果和现场气氛。在朗诵的过程中，每每读到感人之处，余声眼里就噙着泪花，饱含深情地望着听众，声音也夹杂着一丝沙哑和哽咽，听到这里，又有谁不为之所动，为之落泪呢？

可见，灵活的脱稿演说，能够深层次地传达真实情感，能够更好地与听众交流、互动，从而增强演说的感染力、震撼力。除此之外，当演说者真的懂得灵活运用演说稿中的内容，那么可以说，以后的演说完全可以扔掉你的演讲稿。

演示文稿设计，让演说视觉化

以前的演说是演说者站在台上向台下的听众分享自己的思想。但是我们发现，尤其是在科技发展迅速的当下，这种单调的演说方式，很难长时间聚集听众的注意力。很多人会因为这种枯燥的演说，打瞌睡、聊天、吃零食，最终导致演说效率下降。这究竟是为什么？因为人们的思维模式发生了很大的变化，尤其是信息化的新时代。

在信息爆炸的时代，人们每天都要面对堆积如山的信息，这些信息大多数是以文字的形式呈现出来的，会让人们感觉十分疲惫。而且现在生活节奏快，很多人并没有时间去阅读大量的文字信息。所以，现在的人们更喜欢看图片或者视频。这样既能引起自己的兴趣，还能提高信息的接收效率。这其实就是当下的生活方式，是人们思维模式的一种转变。也就是说，当下的人们，更倾向于视觉思维模式下的表达，也更容易接受这种模式下传递的信息。而在演说中，要想让演说内容视觉化，最好的方式就是设计演示文稿。

苹果的 CEO 史蒂夫·乔布斯的演讲，可以说堪称演讲中的典范。很多人把他演说的成功，归功于极具感染力的演示文稿设计。当然，演示文稿只是一个辅助演说的工具。没有演示文稿并不会让你的演讲失败，但是有了演示文稿，会让你的内容视觉化，吸引更多的听众，认真聆听并传播你分享的思想。所以，对于一个新时代的演说者来说，你不仅要掌握演说技巧，还需要学会使用演说工具——演示文稿设计，让你的演说视觉化。那么，在演说中如何利用演示文稿，呈现视觉化的演说呢？

（1）演示文稿上只需列要点

很多演说者认为，有了演示文稿对自己来说简直是一件太幸福的事情。在他们看来，以前演说背不下演讲稿，容易因为忘词，导致尴尬的局面。而现在演示文稿可以说是解救了自己，我们完全不需要背诵文稿，可以将表达的内容全部都放在演示文稿上。

但是演说者要注意的是，演示文稿只是你演说的辅助工具，只有助推作用。试想一下，如果你将自己要表达的内容全部呈现在演示文稿上，然后对着演示文稿读一遍，那么你的听众需要为你的演说埋单吗？他们完全可以花一点钱，拷贝一份你的资料。而这时候，你的身份成了一个卖资料的，而不是一名演说者。所以，我们在设计演示文稿的时候，首先就要清楚地知道，演示文稿只是辅助工具，我们只需要在演示文稿上列出关键的要点。这些要点不只是为了让自己记住表达的内容，更是为了让听众知道自己要表达的大概内容。当我们呈现了要点，听众为了知其然，知其所以然，自然会集中精神去听我们的演说，而这时候演示文稿才起到了助推的作用。

（2）切忌全篇纯文字

据相关数据调查显示，有70%的人对图片的理解速度要远远快于文字。很多时候，文字展示出来的东西具有局限性，不便于人们理解。例如，描述一个很生气的人，我们需要发散自己的想象力，去想象生气的人到底是什么样的表情，会做出什么样的事情。而这时候，如果用一张图，一个人很愤怒地骂另一个人，我们就能很明确地感受到这个人在生气。这就是文字跟图片之间的差别，图片能给人很直接的视觉冲击，让你仿佛有身临其境的感觉。而文字，大多需要听众去发挥自己的想象力。而不同人的想象力也存在差别，所以会影响表达的效果。

因此，在设计演示文稿的时候，不能出现整篇的纯文字，整篇的文字不仅会给听众造成视觉上的疲倦，也无法提高听众的理解力。这样的话，演示文稿就失去了其存在的意义。所以，为了让演示文稿的效果更加凸显，演说者在制作演示文稿的时候要切记，不能全篇纯文字，能用图呈现的尽量用图片的形式展示。这里还需要演说者注意的是，展示的图片一定要有趣，能够在很短时间内抓住听众的眼球。此外，图片一定要跟自己演说的主题相符合，否则出现图文无关的情况，不仅不会提高表达效果，反而会干扰听众对内容的理解，降低表达效果。

（3）内容之间要建立逻辑关系

对演示文稿认知不深的人，会认为演示文稿不过是一张张毫无联系的幻灯片而已。所以，基于这种浅显的认识，很多演说者在制作演示文稿的时候，就是将一张张幻灯片放在一起。但是，实际上，真正意义上，能辅助演说的幻灯片之间需要建立一定符合逻辑的联系。如果你的演示文稿只是一张张没有联系的幻灯片，那么说明你的演示文稿设计就是失败的，而且这种失败的演示文稿，会对听众造成干扰，严重影响听众的体验感。

换种方式来说，组成演示文稿的幻灯片就像一帧一帧电影片段。一个完整的电影，各个片段之间必须是以一定的逻辑关系连接在一起的，否则电影就称不上电影。例如，时间逻辑、空间逻辑，或者男女主角的感情逻辑。如果没有逻辑，一场电影播放下来，我们会发现很多问题。而这些因为不符合观众某种逻辑产生的问题，显然会影响观众的观看体验。在演说中，演示文稿的设计也是如此。所以，为了让听众看一场完美的"电影"，我们需要在幻灯片之间建立逻辑关系，将每一张幻灯片按照一定的逻辑关系连接起来。

首先是大的逻辑，即整个演示文稿之间必须围绕演说的核心，呈现出一个有逻辑的框架，然后是每一页幻灯片上的内容都需要符合逻辑。这些逻辑有可能是演绎推理逻辑，也有可能是归纳逻辑，具体的还需要演说者根据具体的内容来建立联系。建立了逻辑联系的幻灯片，不仅能给听众更好的视觉体验，还能够辅助演说者更清楚地表达自己想表达的内容。

（4）根据帕列托法则简化演示文稿

帕列托法则，也就是我们常说的二八定律，即任何一组东西中，最重要的只占其中小部分，约20%，其余的80%虽然占的比例大，但是次要的。这种法则，在演说的演示文稿设计中，同样很适用。因为演示文稿设计的主要目的是视觉化，吸引听众的注意力，对演说起到一种辅助的作用。而且新时代的人们，追寻极简主义生活，越简单易懂的东西，越能吸引他们的注意力。

所以，演说者在演示文稿中，只需要呈现20%的内容即可，剩下的80%的内容，就需要你用自己的演说传递给听众。这种二八原则的运用，会更加激起听众的欲望，让他们迫切想要得到剩下的80%。

在互联网发展迅速的新时代，演示文稿设计和演讲已成为职场人士必备的技能。而一个好的演示文稿设计，能够给演说增添很多的光芒。因为对于信息化时代的人们来说，视觉化的信息，能够节省他们的时间，让他们能更认真听演说者的演讲。除此之外，像演示文稿这种视觉化的演说工具，还能够聚焦听众的注意力，让他们知道自己接下来能听到什么。在这种情况下，更有利于演说顺利开展下去。

"穿"出你的舞台魅力

美国著名政治家、科学家本杰明·富兰克林说："饮食也许可以随心所欲，穿衣却要考虑给他人的印象。"对于演说者来说，更是如此。作为演说者，每天要接触成千上万、形形色色的人，所以他们的穿着不仅要考虑舒适、好看，更需要考虑的是观众的视觉要求。此外，演讲的场所一般是正式、严肃的，所以，每位演说者都需要有一定的着装标准。

俗话说："佛要金装，人要衣装。"在现代社会，着装已经不仅仅发挥着防寒避暑的作用，更多的是关系到一个人的整体形象、魅力，体现一个人的品位、情趣、修养、职业、精神、面貌等。

一个企业的品牌代表着企业形象，而一个演说者的穿着则代表着职业的形象。服饰作为一种特殊的交际语言，对自身、对社会、对他人都有着不容小觑的影响力。

在 2000 年曾经发生过因穿着不当而引起社会各界强烈反响的事件。当事人是一名体育明星，他在接受媒体采访的时候，竟然身穿奇装异服，尤其是裤子，看上去眼花缭乱，竟然还写满了英语粗话，给人一种痞气、不正经的感觉。另外一位是演艺明星，在拍摄某封面艺术照时，她的裙子竟然是日本军旗的图案，引起了人们强烈的反响与不满。事后他们都称自己对穿衣图案所表达的意思没有在意，甚至是一无所知，只是出于单纯的喜欢，觉得好看就穿了出来。此外，某演说者在一次大型演讲中，一上台就引起了台下观众的哄堂大笑。原来他裤腰的地方，也就是皮带的地方，露出了里面的衬裤。最开始，演说者没有发现自己哪里有不对劲的地方，于是跟随观众尴尬地笑了一下，紧接着开始他的演说，可是在演说的过程中，他老是发现台下观众在小声嘀咕、议论什么，时不时地发出一阵笑声。这不仅消磨了他演讲的热情，同时也分散了观众的注意力。最后演说的结果，可想而知，并没有取得预期的效果。

这些公众人物面临的问题，并非因为个人能力，而是败给了他们认为无所谓的"穿着"。作为公众人物，应该尊重每一位观众，在意自己的穿着。因为你的行为举止、穿着打扮时刻影响到他人。对于站在台上的演说者来说，更是如此，因为对于视觉思维比较活跃的听众而言，他们无法第一眼就"看"到你表达的内容，他们首先看到的是你的穿着，也就是大家说的"衣品"。而一个连"衣品"都没有的人，听众怎么会被他吸引呢？甚至很可能在接下来的演说中，都会在下面讨论"这个衣品都没有的演说者，也说不出什么好的内容"。所以说，"穿"对演说者是一种考验，更是一次展现自己舞台魅力的机会。

那么作为演讲者该如何"穿"出舞台魅力？

（1）服装与内容协调

国际上普遍遵循"TPO"着装原则。"T"（time）表示时间、时令、时代；"P"(place)代表地点、场所、地位、职业；"O"（object）代表科目、目标、主题、对象等。具体来说就是说服饰、穿着应该有着一定的时代感、主题性，要与交际场所、交际对象和交际内容相协调。

同样，演讲中的穿着服装也应该服务于演说的内容。演讲者在不同主题的演说会上，要根据演说的具体内容来搭配服装。演说不需要文艺演出的五花八门的服装，也不需要戏剧表演的艺术气息类服装，更不需要模特走秀博人眼球的性感服装，演说是一项较为正式、高层次的社会活动。一般情况下演讲中的服装讲究"三子原则"，所谓的"三子"指的是：一是有领子，二是有袖子，三是有扣子。这是对演说者整体服装的一个前提要求，也是最基本的要求。

此外，在此前提下力求穿着与演说内容相协调。通常，服装的颜色最能表达出感情色彩。例如：红色代表爱心、喜庆、团圆、精神等，适用于国家、社会层面的演说内容；黄色代表温馨、暖人、情怀等，适用于感恩、情感类的演说内容；白色代表纯洁、浪漫、天真等，适用于孩子、女孩、爱情类的演说主题；深色（黑色、灰色、藏青色）代表深沉、庄重、严肃等，一般适用于缅怀、怀念、感悟性的演说内容。总之，服装颜色给人的感觉是很敏感的，不同的颜色表达着不同的寓意。

（2）服装与体态的协调

人讲究一种整体美感，整体魅力大于一切。因此演说者在考虑穿着的时候，切忌为了个别部位的美感而打破了整体的形象美。也就是说，首先衣服要适合你的身材，要给人舒服感。这种适合，指的是穿着要与身材相互协调。例如，身材瘦小的人穿着需要符合自己的身高、符合自己的骨架，不宜穿宽大的衣服，否则会给人一种唱大戏、随意的感觉。身宽体胖的人不宜穿过紧的衣服，包裹得严严实实，会给人一种被束缚、裹挟的感觉。

除此之外，服装要和皮肤、体形相协调。例如，皮肤较黑的人就不太适合穿黑色，或者是颜色过于鲜艳的颜色，最好穿浅色的服装。皮肤较白的人，穿深色、浅色都可以。体形方面，偏瘦的人适合穿浅色服装，那样会显得丰满一些。较胖的人则适合较为深色的服装，会显得体形匀称一些，视觉上比较舒适，否则视觉冲击大，会让听众把注意力全部集中在你的穿着上，而忽略了你的演说内容。

（3）服装与听众相协调

观众对于演讲的意义不言而喻，演说的成败基本上取决于你的听众。所以说，演说者的服装颜色、款式不仅要与演说内容相协调，还应该与广大听众相协调。例如，面对一群年轻的听众，你的服装在颜色方面就可以鲜艳、亮丽一些，款式也可以适当的有时代潮流气息、张扬一些。反之，面对一群年长或者中年人群，你的服装则需要大方、得体、端庄一些，这样显得比较正式、严谨、符合要求。

不过，无论是年轻人还是长者都不宜过于华丽时髦、性感妖娆，也不可邋遢、随便。这些都是对观众不礼貌、不尊重的表现。总之，要想获得观众的好印象，就要做到大方得体、协调、适中。

此外，演讲穿着应该注意以下事项：

→ 切忌穿背心、短裤或者是超短裙演讲。

→ 切忌戴帽子、戴手套演讲。

→ 切忌戴墨镜、有色眼镜演讲。

→ 切忌穿拖鞋、凉鞋演讲。

→ 切忌佩戴金项链、贵重首饰演讲。

→ 切忌披头散发、蓬头垢面演讲。

→ 切忌背背包、挂包上台演讲。

所谓"三分人才，七分打扮"，舞台是一个向他人展现自我的地方，只有精彩的演说搭配得体的穿着，才能发挥出相得益彰的效果，才能"穿"出你的舞台魅力，把握更多的机会！

和紧张感和平相处

上台演说，紧张似乎是每个人都必须面对的问题。无论是经验丰富的演说老手还是演说界的新人，站在舞台的那一刻难免都会有紧张的情绪。因为即便是老手演说家，每次的演说主题、演说环境和面对的演说听众都有可能不同，这些可变的因素很容易让他们紧张。结果会导致演说的时候忘词、磕磕绊绊，无法将演说顺利进行下去。所以，对于演说者而言，要想进行一场精彩的演说，首先一定要克服自己紧张的情绪，懂得和紧张感和平相处。那么，在演说中，要如何做才能和紧张感和平相处呢？

（1）建立自信

美国著名政治家富兰克林说："我们唯一害怕的是害怕本身。"所以从自身突破是最快、最强有力的克服紧张的方法。那如何建立自信呢？

首先要欣赏自己、热爱自己、信任自己。一个人倘若连自己都不相信，又怎么能获取他人的认同与赞赏呢？所以摆正心态、相信自己、自我暗示很重要；其次，演说既是一个检验自己是否恐惧的办法，也是树立自信最好的方法。越是恐惧，就越要突破。舞台是一个向陌生人展示自我的地方，难免会让人产生恐惧，但是当你突破、克服这样的恐惧的时候，自信就会自然而然地在心底里建立，这时候你还会有一种成就感油然而生，进而放大你的自信，战胜你的恐惧。在演说的过程中你会发现，演说能使我们快速地建立起自信，而自信也会让我们的演说充满魅力。两者相辅相成，相得益彰。

（2）把情绪推向巅峰状态

除建立自信外，克服紧张最直接、最有效的方法就是，把情绪推向巅峰状态。实际上，演说中的恐惧，大多来自我们内心深处的恐慌、不确定性以及聚光灯下形成的孤独。舞台上，演说家独自一个人站在台上，往往容易被孤立在听众之外，这样的景象容易让我们紧张而不知所措。

一般情况下，人们都有一种在人群中寻找安全感、希望融入大多数人中间的心理。因此，要想克服这种恐惧就需要将自己的情绪推向一个巅峰状态，抛开那些莫名的恐惧与紧张，让热情和正能量充斥我们的内心。同时在心里暗示自己："我已经做好了充分的准备，让我们一起来尽情享受这场精彩的演说吧！"例如，世界著名演讲者安东尼·罗宾在每次上台演讲之前会在后台蹦一个小时来调整状态。利用蹦这种运动来激发勇气，把情绪状态推向一个巅峰，给自己更多的勇气，消除自己的紧张情绪。

（3）充分的准备

什么时候会紧张？我们在生活中不难发现，往往是我们还没有准备好的时候。例如，没有准备好考试的时候，工作任务没有按时完成的时候等。所以，为了克服紧张的情绪，演说之前一定要做好充分的准备。

在每次演说前需做好充分的准备，包括具体材料内容、心态、情绪、体力上的准备以及演讲稿的反复练习。正所谓万事俱备，只欠东风。当我们上战场之前把一切的准备工作都做好，那么打赢这场仗就自然胜券在握。

（4）全身放松

全身放松不仅是指身体精力上的放松，而且也是精神上的放松，这样会让演说者消除紧张感。通常情况下身体上的放松是指不要过度疲劳，要保持身体上的活力与精力。很多演说者在做演讲之前，会因为紧张而睡眠不好，最终这种紧张和疲惫感会反映到演说中，最后导致演说以失败收场。

同样，精神上的放松，也是建立在身体的放松上。精神放松可以通过呼吸法、肌肉放松、微笑、运用想象力等方法。

放松精神的技巧

技 巧	描 述
呼吸法	这是一种快速、直接的放松法，可应用于让你感到焦虑和紧张的所有情境。 具体要点：通过鼻子吸气，让你的胃部鼓起来，这意味着你会用整个肺部呼吸。这时候需要减少胸部活动，保持缓慢的呼吸；屏住呼吸3秒左右；均匀缓慢地将气体从鼻子里完全呼出。 呼气时，让你的双肩下垂，使得双手和双臂放松、松弛下来。通常情况下，放慢呼吸，是缓解紧张、恐惧最有效的方法。 专家建议，对于舞台上、公众场合的紧张，因考虑到时间的紧迫性，我们可以在手表上或者手面上画个黑点，当你的目光落到黑点上的时候，做2～3次的深呼吸，就可以平静下来，开始演讲。
肌肉放松	肌肉放松法，最开始由美国某医学家于20世纪30年代所创立。后来逐渐完善，广为应用。肌肉放松又称渐进性肌肉放松，是目前较为良好的放松术。它主要是通过全身肌肉的收缩、舒张法放松的反复交替训练，通过各个器官调整、影响肌肉骨骼系统，使大脑皮层处于较低的唤醒水平，最后使人逐渐体验到身体上的放松。 不过这种肌肉放松法一般是用于上台演说之前。
微笑	当你独身一人站在偌大的舞台上，感到紧张、不敢大声表达的时候，不妨面带微笑。 研究发现，当人们微笑时，大脑接收的信息通常是积极的，并且能够使得身体处于放松和满足状态。为此，当你在舞台上紧张时，微笑也能产生同样的效果。 微笑这种积极的信息，就像是积极的话语，在鼓励着你："将内心的恐惧转变为积极的正能量，你就一定会成功的。"
运用想象力	想象力的关键之处在于它可以让你放下包袱，为你营造出一个美好、自由的氛围，让你犹如身临其境。 例如，在你的脑海中想象出一片静谧的树林或蓝天碧海，把自己置身于一片放松而自由的地方，想象着紧张感正在消失，取而代之的是内心想要释放的渴望。

总之，没有任何人生来就对舞台不恐惧、紧张，那些优秀的演说者也都是通过不断地克服、不断地摸索，从而不断克服紧张，和紧张和平共处，才能在舞台上表现大方、优雅。因此，想要赢得演说的精彩，就需要克服内心的恐惧和紧张，需要激发你潜藏的无限勇气，大胆发出你的声音，坚信自己一定可以成功！

谨记要点，一开口就说重点

很多演说者为了吸引听众的注意力，在一开始的时候，会说很多话来铺垫。但是，演说者不知道的是，过多的铺垫，不但不会让听众对你的演说产生兴趣，反而会让听众怀疑自己走错了演说场地，因为他们并不知道你到底想要说什么。所以，作为演说者，开场的时候，就要谨记自己演说的要点，一开口就说重点，让听众明确知道自己来对了地方，能听到自己想听的东西，并集中注意力继续听下去。

有句话说："言不在多，达意则灵。"在演说中，滔滔不绝、出口成章固然难得，但一语中的、言简意赅才是真正的演说高手。莎士比亚曾经说过："简洁是智慧的灵魂，冗长是肤浅的藻饰。"也就是说，不要一味地追求华丽的辞藻来进行装饰，更不要哗众取宠，演说者需要的是精简的要点和演说的重点。

不管世界万物多么复杂无章，多么捉摸不透，说到底就是那么几点经过概括和抽象了的见解。这种见解，是精华，是本质，是核心。只要你抓住这个核心就可以提纲挈领，一通百通。那么该如何在一开始就说重点呢？

（1）抓住要点，避免长篇大论

演说的精妙之处不在于长，而在于一语中的。长篇大论会使得演讲变得冗长烦琐，进而消耗听众的热情与耐心，往往适得其反。那么如何避免长篇大论呢？最关键就是确定好主题思想，主题要鲜明突出。

（2）切中重点内容

演说必须要有的放矢，重点表达要点内容。演说中，要做到不说空话，如果整篇演说都是一些没有价值和思想的语言，就不能够吸引到观众，无法深入人心，甚至会让听众对你浮夸的语言感到反感，进而导致演说失败。因此，在演讲之前我们应该对演讲内容进行提炼、梳理，提高演讲的"含金量"。

此外，不能说废话。在演说中，任何空话废话都不能引起听众的强烈共鸣，甚至使听众厌倦和反感，尤其是在开口的时候，大段的废话只是在浪费听众的时间，消磨听众的感情。所以，一开口，你就要言之有物，说到听众在这场演说中想知道的重点内容。

（3）真实表达

现在很多演讲，一味地使用华丽的语言来装饰演讲。事实上，形式大于内容，让人听后有一种空洞之感。例如，某大型保健讲座中讲师这样说道：

"核苷酸能够使一切疾病退避三舍，补充了核苷酸，什么病都会好，什么病都不会得。此外，核苷酸还有修复基因的功能。它可以让人避免疾病、延年益寿。我曾经在日本做保健演讲，引起了极大的轰动，在美国做保健讲报告，使得美国人惊讶不已。总之，核苷酸就是一个神奇的法宝，拥有它，你就再也不会被疾病和痛苦纠缠。"

如果一开始就用这种夸大其词的方式来展开你的演讲，可以说你的演讲注定会失败。因为这种表达显然不真实，会让观众反感，认为自己进了一个销售场合，进而不会选择听你的演说，甚至会选择中途离场。所以，在演说中，我们一开口要说重点，而不是打广告，消磨听众的耐心和感情。

（4）保持新颖性

很多演说者在演说中，喜欢说一些老生常谈的话题。而演讲中老套的观点思想、陈词滥调，一般都会使听众感觉乏味枯燥，让听众难以知道你表达的重点，因此很难唤起听众的兴趣和共鸣。所以，在表达的时候，要记住要点和重点内容，并根据这些内容发散自己的思维，表达一些更新颖、有趣的话题。

（5）表达要有逻辑

看下面一个例子：

复旦大学季翔在《温饱是谈道德的必要条件》中这样陈词演说：

各位好！吃饭是为了活着，但是人活着就是为了吃饭吗？下面我进一步从理论上进行阐述。

第一，道德是随着人类的诞生而出现的。有了理性的人，有了人际关系，就有了道德规范。所以不管人类处于哪一个阶段上，谈道德不仅是可能的，而且是应该的。《礼记·礼运篇》中记载的"老有所终，壮有所用，幼有所长，鳏寡孤独废疾者皆有所养"，正是中国远古时代道德状况的生动写照。而《圣经·旧约》中亚当和夏娃偷食禁果和原罪的传说，不也表明了道德的最早起源吗？有关贫困中人们谈道德的文化学和人类学的证据在大英博物馆里是汗牛充栋的。

第二，从本质上看，道德是一个社会历史范畴。尽管在温饱的情况下可能给谈道德提供一些方便，但这绝不是必要条件。在不同历史阶段和文化背景下人们都在谈道德。达尔文在其环球旅游中发现，南非布希曼人，即使是快要饿死了，也不会独吞发现的一条小鱼，而是要与族人分享。他们有温饱吗？没有。他们谈道德吗？当然谈。人类谈道德，在贫困时有贫困时的谈法，在温饱时也有温饱时的路数。谈道德，既可以坐而论道，也可以言传身教，甚至是特立独行。千万不可一叶障目，不见泰山。

第三，从功能和目的上看，道德用以协调人际关系，达到至上的人生境界。道德，自古至今，目的是"在明明德，在亲民，在止于至善"。

第四……

从这篇演讲中我们可以看出，首先，季翔的表达思路很清晰，有逻辑性、条理性。例如从第一，第二，第三，第四几方面阐述。其次，演讲中不存在空话、废话，往往通过观点引出佐证，使得语言一语中的，简明扼要，令人信服。最后，演讲没有涉及浮夸、哗众取宠之意，很实在、饱满，富有含金量。

（6）总结重点

无论在写文章还是演讲中都存在虎头蛇尾的现象，这样往往会给听众一种莫名其妙、理尽辞穷的感觉。那么如何才能在每次演讲结束的时候不至于过于唐突呢？我们需要总结回顾要点、感谢听众、发表感言、呼吁行动、使用结束语。切忌牵引出新的观点、理论，或者是停不下来，收不住尾。

总之，片言以居要，一目能传神。精彩的演说往往是建立在精简、提炼要点和重点内容的基础之上。当今社会，信息量铺天盖地、逐渐膨胀，听众需要的是精华型的演讲。因此，谨记要点，一开始就说重点的演说才能获得广大听众的喜爱，才能赢得演说的精彩！

你需要排练与试讲

演说是一门技术活。因为是技术活，所以需要通过排练和试讲，来不断加强自己的专业技能，确保自己站在台上的时候，能够轻松自如地面对听众，进行一场精彩的演说。对于演说者来说，如果长时间不进行排练和试讲，无论你的表达能力还是你的临场反应能力，肯定会下降。而作为一个靠说话吃饭的演说者，如果你的这些能力下降了，也就意味着你很快会被舞台所淘汰。所以，作为演说者，在演说之前，一定要抽时间排练和试讲。这也是演说之前，准备工作中最为关键的环节。

在演说前排练和试讲，不仅能加强自己的演说能力，加深自己对演说内容的印象，还能让自己消除一些上台之前的紧张情绪。因为当我们站在台上的时候，自己的一举一动都会受到台下听众的关注。当台下这么多双眼睛盯着自己看的时候，演说者很容易会紧张得不知所措。所以，我们需要一个过渡期，能平衡我们心里这种紧张的情绪，让自己能够适应演说时万人瞩目的局面。那么最好的方式，无疑是在演说之前，就进行排练和试讲，具体该如何做呢？

（1）排练你的基础动作

说到排练，很多演说者认为，就是将自己的演讲稿熟悉一遍，知道自己站在台上需要表达哪些内容。但是，实际上，真正意义上的排练和试讲，并不是让你背诵演说稿。因为，作为演说者，你的任务不是站在台上，向你的听众背诵一篇演说稿，也没有人愿意花钱听你背诵演说稿。你要做的是，站在听众面前，用精彩的演说，向他们分享有价值的观点。

而精彩的演说，需要你有丰富的表情和灵活的姿态动作。所以，排练和试讲的时候，你需要排练基础动作。但是，演说主要是靠语言表达，并不像舞台表演，主要是向观众呈现肢体动作。所以，演说中基础动作的排练，其实就是在演说之前，要做一些基本的动作训练，例如以下几种：

→ **体能训练 10 分钟**。一般情况下，演说的时间在 1~2 个小时，也就是说演说者需要站着说 1~2 个小时的话。这对于一般人来说，是一个体力消耗比较大的事情，如果体力不好，很影响表达效果。所以，排练的时候需要进行体能训练。大概时间根据个人身体情况而定，可以安排 5~10 分钟。

，**口腔训练 3 分钟**。演说家是靠嘴巴吃饭的人，所以在演说排练的时候，最基本的口腔训练是必不可少的。

→ **气息和发声训练 5 分钟**。气息和发声，对表达效果有一定的影响。所以，在演说排练的时候，演说家要找到最合适的气息和发声，让演说能达到更好的效果。

→ **微笑与眼神训练 3 分钟**。微笑和眼神是最具感染力的东西。因此，在演说排练的时候，我们需要知道面对听众的时候，什么时候要笑，要与听众有眼神交流，这样更容易打动听众的心。

→ **肢体动作训练 5 分钟**。在台上演说，必须要有相应的肢体动作，才会让演说更生动、灵活，具有感染力。因此，演说者在排练的时候，要明确地知道自己需要在哪个部分加入肢体动作，如何做等，确保自己能展现一场生动的演说。

（2）模拟试讲

要想让自己的演说能够顺利进行，在排练和试讲的时候，演说者就应该把排练当成真正的"战场"。只有转变了自己的观念，排练和试讲的目的和效果才能达到。

首先，把自己当成台下的听众。排练的时候，如果只是面对空旷的环境，那么我们还是无法感受到紧张的气氛，无法让自己进入状态。所以，排练和试讲的时候，我们需要找一面镜子，然后面对镜子，把自己当成台下的听众，从开场白、自我介绍到表达演说稿等环节，进行整体的排练。

当完整排练、试讲一遍结束后，我们要找到自己认为很困难，存在很大问题的地方，然后对这一部分进行重点排练。演说者可以根据这部分内容的难度，规定自己用相应的时间表达完，如 5 分钟必须把这部分内容表达清楚。这样的时间限制，会让演说者更努力去克服困难，以达到更好的效果。

此外，为了熟悉这部分内容，建议演说者反复练习 5 ~ 10 遍，因为熟能生巧。而且通过不断的练习，能够让你掌握语言表达技巧，对于语言表达，只要掌握了语感，你就会找到感觉，即便你忘了具体的内容，你也能够凭语感回忆起大致的内容，确保自己能顺利表达完自己的观点。

其次，要把排练的地方当成演说的场地。除了面对的听众，演说的场地也是对演说者影响比较大的地方。很多时候，一个陌生的环境，会给人带来一种不安全的感觉，让人很容易陷入紧张的氛围中。所以，在排练和试讲的时候，要找个自己不是很熟悉的地方，或者很空旷的环境。当然，如果条件允许的话，建议可以直接去演说的场地进行排练和试讲。当演说者真正站在这个舞台的时候，会因为熟悉的环境，而更加有信心。

（3）记录你的排练和试讲

有句话说：当局者迷，旁观者清。演说者在试讲的过程中，虽然也可以发现自己存在哪些问题，进而及时改进问题，但是有些细节问题，如演说的时候，喜欢不停把眼睛往上翻，演说者很可能难以注意到，这些细节问题往往会对演说造成很大的影响。

　　所以，为了进行一场完美的演说，在排练和试讲的时候，演说者可以准备一个便携的摄像机，将自己的排练和试讲记录下来。当自己排练结束的时候，回到家，可以将记录的影像拿出来看。这时候演说者就可以成为自己的"旁观者"，很容易就能看出自己存在的问题，然后可以找到合适的方法去解决这些问题，确保演说的时候能表现得更好。

　　演说，其实就好比一场"战斗"，只不过这场战斗，不具备破坏性，而是具备价值性的。而演说者作为战斗的主将，为了赢得胜利，跟听众分享有价值的思想，就需要懂得"养兵"和"练兵"。所以说，不管是演说界的老手还是新手，要想取得"战争"的胜利，就需要勤于将自己拿出来"练练"，即在演说前，要学会排练和试讲，找到自己的问题，并解决问题，让自己真正上"战场"的时候，能够胸有成竹，给听众带去一场精彩的演说。

第三章 演说的设计：开头和结尾

　　一个巧妙的开头能够让你在最开始的时候，就抓住听众的心，让他们对你的演说充满期待；而一个精彩的结尾，会将你的演说再次推向高潮，给听众留下深刻的印象。所以，对于演说者来说，要想增加自己的吸引力和感染力，就需要懂得首因效应和近因效用，设计好演说的开头和结尾。

首因效应：吸引从上台开始

很多人，在认识多年之后，仍然会回忆起当初见到对方时的第一印象，因为第一印象给人留下的记忆总是比较深刻。因此，很多人在第一次跟朋友见面、工作面试的时候都会特别注意打扮自己，十分在乎第一次见面，想给对方留下一个好的印象。而这种心理现象，在心理学中称为首因效应。所以说，作为演说者，站在台上的那一刻，就要给你的听众留下好的印象，让他们能够记住你。

所谓的首因效应，是由美国心理学家洛钦斯首先提出的，也叫首次效应、有限效应或第一印象效应，是指双方见面的第一次印象会对以后的交际关系造成影响。其实，这也是"先入为主"的效果。例如，当我们第一次见一个朋友的时候，他穿着比较随意、邋遢，那以后我们很可能不愿意跟他过度接触，或者朋友表现得特别小气，以后可能很少会约他出来吃饭，这就是首因效应对交际关系产生的影响。同样，对于演说者来说，如果你的首因效应不佳，那么你的演说效果就会受到影响。因此，为了避免这种情况产生，演说者要重视首因效应，从上台开始就吸引你的听众。

（1）选择一个合适的形象

人是视觉动物，首先映入眼帘的一定是你整体的形象。所以，作为演说者，首先需要选择一个合适的形象，展现给你的听众。

合适的形象主要是指穿着要得体，能够凸显出演说者的气质。在着装上要凸显品位和气质，其实并不是说你的衣服一定要是昂贵的大牌。演说者要根据自己的身材、自己的性格、气质等来选择合适自己的衣服，衣服要干净、整洁，符合大众的审美，切记不能穿奇装异服博眼球。这种方式，虽然会让对方对你印象深刻，但是效果却是负面的。

其实，衣着最重要的是要得体，即适合你的气质，适合演说的主题，和你所在的演说场景。如果你的衣着跟这些是冲突的，那么你给人的第一印象就会大大降低。因此，我们需要穿着得体的衣服。那么要如何才能得体呢？

首先，着装的款式不能太陈旧，也不要太过新颖，最好是符合大众审美的正装。这样既不失优雅，又显得稳重，是一个最安全的办法。因为，第一次面对你的听众的时候，或许你并不知道他们喜欢什么样的着装，所以，选大众款是最保险的。也许不会加分，但是一定不会因为着装减分。

其次，着装的肥瘦。很多演说者比较喜欢宽大的衣服，显瘦而且舒服。但是这种衣服会给人比较慵懒的感觉。而过于紧的衣服也不合适，勒在身上，会给听众一种压抑、难受的感觉。所以，衣服的肥瘦，要根据自己的身材来选，切不可盲目因为自己的喜好来挑选衣服，很容易因为这些小问题，影响你的演说。

其实无论选择什么样的衣服，最为核心的宗旨是，要让别人能从你的着装上看出你的身份。站在舞台上要演说的人，这个时候，一定要让自己不一样，而这种不一样，首先就体现在衣着上。

（2）学会微笑

微笑，是一种感染力极强的表情。很多时候，当我们特别生气，对方很温柔地对我们笑的时候，我们的内心都会被这种笑容融化，然后就生不起来气。所以说，微笑很多时候也是解决人际关系问题最好的办法。现在很多服务行业的人，如空姐、收费站的工作人员等，他们都会进行微笑训练。每当人们路途奔波劳累，看到他们微笑的时候，心情就舒畅多了。其实，微笑是我们最好的无声语言。微笑可以很快拉近两个陌生人之间的距离，如果你对陌生人微笑，80%的概率对方会以微笑回应你。所以说，作为演说者，为了拉近跟听众之间的距离，感染你的听众，融化听众的心，给他们留下深刻的第一印象，你就要学会微笑。

然而，很多演说者认为，演说是一件严肃的事情，站上舞台的那一刻，你就要用认真的态度去表达自己的观点。但是，我们不难发现，在严肃的氛围下，我们很容易因为氛围压抑，根本听不进演说。而且，现在时代变了，人们更喜欢气氛活跃的演说。所以，上台的那一刻，一定要展现你迷人的微笑，吸引你的听众。

微笑，似乎是一件很简单的事情，人人都能做到。但是，其实并非如此，因为微笑也是情绪的一种外在表现，是一种积极的情绪，而很多时候，人们会有一些负面情绪，如悲伤、恐慌等，这些情绪会让我们难以用微笑来面对。那么，作为演说者，上台后要如何给听众展现迷人的微笑呢？

首先，上台前，你要做好自己的情绪管理，即便你有再多的负面情绪，也要赶紧消耗掉，或者演说结束之后再去处理；其次，为了上台的时候呈现一个完美的微笑，吸引听众，演说者同样需要进行微笑训练，最简单的办法就是站在镜子前反复练习，找到自己微笑起来最好看的角度。

一个简单的微笑，不仅会消除演说者的紧张感，还能够给听众带去愉快的心情。也许开始时温暖的笑意，会使你整个演说变得顺利。所以，上台的时候，记得微笑。

（3）说好第一句话

第一印象，除了你的穿着和微笑，给人留下印象的还有你的第一句话。我们在生活中，经常听到这样的评价：我第一次见那个人的时候，光看外表觉得真的挺不错的，但是他开口说第一句话的时候，我就觉得这个人的衣品跟人品完全不搭。所以，除穿着之外，我们要想给对方留下深刻的第一印象，还需要说好第一句话。

如果你无法确定第一句话要如何说才能抓住听众的心，那就以最真诚的态度，面带微笑跟他们简单打招呼，如"你们好，很高兴在这里遇见你们"，这是最万无一失的做法。演说者要知道，说好第一句话，并不是一定要一鸣惊人，你要确保的是，不能说出让对方尴尬、难堪、不舒服的话。例如，男女生相亲，女生穿了一条短裤，男生见面就说"你这样穿显得腿好粗"。他们之间的关系，很可能因为男方的第一句话而无法继续下去。

其实，简单来说，第一句话，要的是真诚、亲和的语气和谦和的表达，当然最好是说到对方心坎里，让对方记住你。如果做不到，那最低的限度是，不要让对方讨厌你。总之，第一句话一定要确保能够让自己能够继续表达，顺利完成演说，这样就已经足够说明你的第一句话是成功的。

心理学研究发现，与一个人初次见面，四五秒内能产生第一印象。所以，作为演说者，要想吸引你的听众，从站上舞台的那一刻，就要用自己的形象、微笑和第一句话抓住听众的心，给他们留下深刻的第一印象。

开口之前，复习"腹稿"

一般情况下，演讲可以事先写好演说稿，做好充足的准备。但是，如果过于依赖演说稿的话，会导致演说变成了背诵演说稿的活动，对听众而言，将毫无吸引力。因此，现在很多演说大咖为了更好展现自己的演说能力，已经开始脱离演讲稿，实行即兴演说。但是即兴演说并非演说者不知道自己在讲什么，要怎么讲，更不等于信口开河，而是要做到心中有数，心中有底。而这个心中有数、心中有底就是我们所说的"腹稿"。

所谓的"腹稿"，是指内心酝酿成熟以供表达的诗文构想。"腹稿"一词，最早出自唐代著名诗人王勃写作的典故。据史书记载，王勃写文章时有个习惯，往往在写文章之前，会磨墨数升，然后拿着被子盖住脸躺着，不断在心中构思自己要写的文章。一旦灵感来了，他就突然起来，拿起笔，一挥而就，从来不需要再做更改。

后来，人们将这种没有写出来的，只是在心中构思的文稿，称为腹稿。从王勃的这种打腹稿的习惯中我们不难看出腹稿对于写作的重要性。只要你心中有文稿，再下笔似乎就不是难事。同样对于演说者来说，开口之前，复习腹稿也是一件最为关键的事情。复习腹稿，不仅能够让演说者对自己要演说的内容更加熟悉，还能够给演说者更多的信心，能够胸有成竹地去面对自己的听众，分享自己的思想。

一般情况下，腹稿的构思比演说文稿的构思要难得多。文稿的构思直接以文字的形式呈现出来，我们一目了然，掌握其中的大致内容，并且可以随时调整结构。而腹稿，是在自己心里呈现出一个文稿的形式，不容易进行细致的修改和调整。但是，我们要知道任何事情都会遵循一定的规律，只要你善于钻研，发现规律，就会找到其中的窍门，演讲腹稿的构思也是如此。

（1）展开联想，在脑海里收集资料

在复习"腹稿"之前，我们首先需要在心中构建一个腹稿，而这就需要大量的资料。而在大脑中收集资料，跟平时写演说稿的时候收集资料不一样，大脑中收集资料最好的方式就是展开联想。联想，是可以由一件事情想到另一件事情，事物之间可以发生连锁反应。这些反应可以源源不断地给大脑提供信息和所需要的资料。所以说，构思腹稿，需要展开联想。

一般情况下，构思腹稿的联想方式有两种：一种是接近联想，一种是自由联想。所谓的接近联想是指，因事物的形态或者性质类似而产生的联想。比如，话题是"你心目中帅气的偶像"，你会由此联想到吴彦祖、彭于晏等。而所谓的自由联想，是不局限于任何形式，只要你能想到的都行。但是前提是，自由联想一定是围绕你演说的核心题目展开，否则联想获取的资料对演说就是无效的，联想也就失去了意义。

（2）精简语言，浓缩要表达的内容

"腹稿"必须要精练，否则内容太多，内心就会混乱，会导致自己的演说无法顺利进行下去。因此，在构思腹稿的时候一定要简练语言，浓缩要表达的内容。作为演说者，我们要知道，腹稿不是文稿，不需要将自己所有要表达的内容都呈现出来。"腹稿"需要的是一个大致的框架和核心的要点。只要框架和核心要点明确了，我们就能通过上面说的联想方式展开联想，收集我们需要的资料，形成完善的演说稿。

（3）提炼关键信息点，建立联系

在展开联想的时候，收集到的信息大都是与演说话题相关的，但是这些信息是独立的、零乱的、零碎的，相互之间没有联系的资料。这些互不联系，看似无关但实际上相关的资料，比如某个观点的核心词语、典故等，这些都是腹稿内容中的关键信息点。要想形成一个完善的腹稿，演说者要做的就是将这些互相不联系的"点"整理到一起，然后筛选出跟自己演说主题更为贴近，自己需要的部分。最后，围绕演说主题，将这些"点"合理组合，建立一定的联系。简单来说，就是连线成文。

布点，连线成文的方式，一般有三种：

第一种：串珠式。即点与点之间的关系是横向联系的关系，可以用横缀的方式把各个关键点连接起来，像串"项链"一样，将它们串连成一体。

第二种：楼梯式。即点与点之间是纵向关联的关系，可以利用这种一层比一层更深入、更高的方式将这些关键点连接起来。

第三种：网式。各个关键点之间有的是纵向关联的关系，有的是横向连接的关系，演说者可以将这些关键点有纵有横地联系起来，使这些观点既有时空顺序，又有逻辑层次，形成结构清晰的"网状"结构。当然这种方式比较复杂，需要逻辑思维能力和联想力很强的人才能驾驭。

无论是哪种方式，其最终目的都是将关键的信息点连接起来，形成一个结构完善、清晰的腹稿，让演说者能够更加清楚地知道自己接下来要说什么样的内容，要怎么去说。一旦演说者明确地知道这些，演说也就成功了一半。

所以，对于演说者来说，提前写好的文稿其实并不那么重要，重要的是在开口之前，要学会复习"腹稿"。也就是说，一定要做到心中有底，心中有数。演说本身就是一场演说者与听众之间、心与心的近距离接触和交流，所以演说者表达的任何内容，一定是已经深深刻入到自己心底的，否则演说的时候，就会出现语言混乱，表达不清晰等情况，导致演说失败。

巧妙开场，一句话抓住听众的心

万事开头难。因为万事的重点都是在最开始的时候，只要能顺利开始，后面的事情相对就会简单。对于演说来说，更是如此。很多演说者，担心自己的演说不能顺利进行，并不是怀疑自己的能力，而是担心不能巧妙地开场，瞬间抓住听众的心，让自己顺利地展开接下来的演说内容。所以，对演说者而言，相比演说中的其他环节，最重要的是如何巧妙地开场。

一个优秀的演说者，当他站上演说台说第一句话的时候，就能够牢牢抓住听众的心。所以，很多人说，你的演说是否成功，就看你的开场是否足够有吸引力，能够震撼并抓住听众的心。因此，作为演说者，除了要精心准备演说稿的内容，更要准备巧妙的开场白。一般情况下，开场白可以采取以下几种方式：

（1）采取提问的方式，开启你的演说

相比平铺直叙的表达，提问的方式更能吸引听众。因为，提出问题，解决问题，是人类的一种本能。当演说者用提问开场的时候，听众自然会不由自主地开始思考你的问题。那么，你就已经成功吸引了你的听众。

在提问开场的环节中，最为关键的部分就是如何提出问题。演说者提出的问题，不是天马行空乱提，一定要符合演说的主题，又能够吸引听众的注意力，将听众带入主题中，这才是提问的最终目的。我们来看看以下两个提问的例子。

第一个开场问题：

大家好，很开心大家来参加我的演说活动。你们知道我们今天的演说主题是什么吗？这个主题是你们在座的每一个人都会关心的问题。那今天就让我来揭晓答案，告诉大家，我们究竟要吃什么，如何吃才能延年益寿……

第二个开场白：

很开心大家今天来参加我的演说活动。在演说前呢，我需要耽误大家几分钟回答我一个问题：你们愿意增加二十年的寿命吗？（底下的听众都纷纷点头）好，我知道大家的答案了。既然你们那么想增加二十年的寿命，那么你们今天就真的是来对了地方。接下来的时间里，我将带你们一起找到这个问题的答案，让你们知道如何吃才能长寿，我们要如何用食物来减少疾病和压力……

以上是同一个主题、两个不同的开场白，作为听众你更喜欢哪个？我相信，绝大部分的人一定会选择第二个。第一个虽然也是提问，但是问题很老套，很像幼儿园老师引导学生回答问题的感觉，会让听众觉得很不舒服，即便很想知道答案，也可能因为逆反心理，不想听，甚至会怀疑信息的真实性。而第二种开场白的提问，就比较有趣，能够吸引听众的注意力，让他们想继续听下去，获得答案。

（2）懂得用幽默的方式开场

在生活和工作中，我们不难发现，一些幽默的人，身边总是不缺朋友，而且人际关系都处理得很好，能给身边的人带来乐趣。所以，幽默很多时候也是一个人独特的品质，对人际关系有着很大的影响。作为演说者，要想很快拉近跟听众之间的关系，就需要懂得用幽默的开场方式，既能营造愉快的气氛，还能获取听众的好感和信赖。但是，演说者要注意的是，幽默的开场，不是你在网络、朋友那里听来的段子，也不是你平时跟朋友玩笑时的笑话，而是真正能够让观众开心，并且让观众对你的演说感兴趣的插曲。下面我们看一个好的幽默式的开场白，供大家参考。

周恩来总理在为国际友人安娜·路易斯庆祝80岁大寿的时候，对中外记者说："我今天来庆祝美国女作家安娜·路易斯·斯特朗女士40公岁的生日。"当场有很多记者不明白，不是80岁吗？40公岁是什么意思？于是周总理解释道："在我们中国，'公'是数量词，是翻一倍的意思，比如：40公斤就等于80斤，所以我说的40公岁，其实就是80岁。"

在场所有为安娜·路易斯庆祝生日的人都笑了，而安娜自己却被感动哭了。

在开场白的祝福词中，周总理没有直接说祝福女作家安娜80岁生日快乐，而是巧妙运动了"公"字，既表达了自己祝福的诚意，也让很多人感受到了中国人的智慧和幽默，更让主人翁安娜感受到自己在周总理心里还是年轻人，为此感到感动。这种幽默的方式，其实就是换个角度去看某个词或某件事，但是效果却大有不同。所以说，幽默的开场方式不仅是吸引听众，抓住听众的心的一种方式，更是演说者智慧的体现。而这种智慧，才是真正能打动听众的东西。

（3）用一个好的故事开场

除了提问题，最好的开场方式就是讲故事。我们知道，从童年开始，我们就喜欢听故事，很多时候，一个故事不讲完，我们晚上甚至都会睡不着觉，会思考故事到底会怎么发展，结局究竟会怎么样。这就是故事的魅力所在，为了探索未知，我们会一直保持好奇心，直到故事最后的结局。所以，开场的时候，可以用故事的方式抓住听众的心。

一个好的故事，能够将听众很快带入演说中，演说者也能够很轻松地进行自己的演说。我们可以看下故事式开场白的例子：

美国著名军事家麦克阿瑟先生，在其82岁高龄的时候做出了一个令人震惊的选择——重返西点军校，参加学校的授勋仪式。当天，麦克阿瑟先生站在演说台上说："今天早上，我走出旅馆大门，看门的人突然问我：'将军，您今天是准备去哪呢？'我回答他说：'我去西点军校。'于是看门的人对我说：'将军，西点军校可是一个好地方呢，您以前去过吗？'"

台下的听众都笑了，麦克阿瑟先生接下来顺利展开了自己的演说。

其实当麦克阿瑟先生说第一句"我今天早上，走出旅馆大门"的时候，就已吸引了听众的注意力，因为这里面交代了事故的时间和地点两个元素，听众对接下来的事情、原因等元素会更感兴趣。台下的听众一定会想，他早上出门怎么了？在旅馆门口发生了什么？接下来会怎么样？很显然，听众的欲望和兴趣已经被激发了，他们必须继续聆听。在故事中，麦克阿瑟还表达了对西点军校的热爱，唤起了在场听众的认同感和信任感，更有利于演说的进行。可以说，麦克阿瑟是一个不折不扣的优秀演说家。

对于演说者来说，无论你采取什么样的方式开场，记住，你的目的是在最短的时间内吸引听众的注意力，抓住听众的心，只有这样，你接下来的演说才能更加顺利地展开。演说者要知道，对于你们来说，巧妙而完美的开场，就意味着你已经掌握了大部分的主动权，甚至可以说只要开场完美，你的演说也就成功了一半。

自我介绍要看清听众是谁

自我介绍，在生活和工作的很多场合都是需要去做的事情，当然，这种介绍比较简单，可能是介绍一下自己的姓名、工作等。但是，在演说中，自我介绍也是一个关键的部分。因为对于演说家来说，自己就是王牌产品，需要让听众记住自己的"品牌名字"。所以，自我介绍不是简单地汇报姓名和工作，而是要看清你的听众是谁，进而进行有针对性的自我介绍，让他们记住你。

虽然从整个演说稿的篇幅来看，自我介绍的确只是占据其中的小部分，甚至一分钟都用不上，但是我们不能小觑这一分钟，因为很多时候，一个精彩的自我介绍，能够吸引听众的注意力，让听众对自己更加感兴趣，进而会认真聆听自己的演说。可以说，这对演说者的演说来说，是一个很好的加分项。那么，在自我介绍中，究竟要如何做才能给自己加分呢？

（1）看清你的听众是谁

很多演说者，站上舞台的时候，就开始报自己的大名和自己的职业、头衔等，但是这种千篇一律的自我介绍模式，很难让观众记住你。常见的情况是，听众在听完一场演说后，可能会记住你的观点，但是始终想不起来提出这个观点的人。那么这时候，对于演说者而言，无疑会是一种损失和遗憾。

如何才能让听众记住你的姓名和身份呢？首先你要考虑的不是如何去设计精彩、特别的自我介绍，而是需要弄清楚一个问题——你的听众是谁。为什么演说之前，要弄清楚听众是谁？很多演说者会想，我自己又不会变，我为什么不能使用固定的自我介绍？

没错！演说者不会变，但是你的听众会变，而且听众的需求会变。那么为了适应这种需求，你就需要根据听众来进行不同的自我介绍。例如，一个宣传健康知识的在校老师，当他站在演说台上面对的听众是自己学生的时候，可以介绍自己是某某老师，这样会更有吸引力。而当他面对一群老年人的时候，可以说自己是研究健康学问的人士。因为老师并不一定会引起老年人的注意，但是健康是老年人最关心的话题，他们一定会对你特别感兴趣，会记住你的名字。所以说，针对不同的人，做不同的自我介绍，效果也不一样。

（2）告诉你的听众，你是谁

在明确了听众是谁后，我们需要做的是根据听众的不同，来告诉听众你是谁。告诉听众你是谁，不是简单地介绍姓名、工作、职位、家庭住址，而是要让听众了解你，知道你是一个情感丰富、有血有肉、真实存在的演说家。而这就需要我们用语言、姿态、情绪等，来向听众说明你是谁。

回答这个问题的意义是，让听众对你知根知底，建立信任关系。只有当听众信任你了，你的演说才能顺利进行下去。而对于演说者自身来说，当我们在介绍自己的时候，成就感和责任感会油然而生。我们知道以演说者的身份站在这个台上，就需要对下面的听众负责，一起分享有价值的思想，让他们有所收获。

在自我介绍的时候，除了介绍姓名，我们可以将在自己身上发生的一些真实故事分享给听众。这也是自我介绍的一种方式，能够增加观众的印象。但是，分享故事的时候一定要注意，你的故事一定要紧扣你的演说主题，而且不要总是在演说中，说自己童年比较辛苦，不受关爱的故事，即便是真实的也很可能让听众觉得你是在"卖惨"，博取他们的同情心。这种方式只会让听众反感，不认同你这个人，也就更不可能认同你接下来要表达的观点。

所以，故事要励志、有趣，跟演说主题结合。

"你是谁"看似一个简单的问题，但是对于演说来说是一个很重要的问题，也是听众最关心的问题。我们可以试想一下，如果走在大街上，听到有人说最近有一场很火爆的演说活动，我们首先可能想到的并不是活动的内容，而是这个演说者是谁。因为只有知道了演说者是谁，我们才会更加安心地去听这场演说。

例如，你是高考结束的高考生，而演说者是某高校著名的教授，那么很有可能你会去听这场演说。而在演说的时候，如果这名演说者只是简单介绍自己是某某人，今天的主题是某某，你可能下次不会参加他的演说，并且会随着时间的流逝，慢慢忘记这个有名的演说家。但是，如果这名教授在台上介绍自己的时候，说了自己是某高校教授，专门研究哪门学科，取得了哪些成就，高考的时候也曾遇到了什么样的问题，是如何克服的……那么，你一定会对这个人留下深刻的印象，甚至会记住他整个的自我介绍内容。

所以，对于演说者来说，"你的听众是谁"和"你是谁"这两个问题是相当关键的。回答好这两个问题，就会让你跟听众之间建立起一座信任的桥梁，听众会被你深深吸引，愿意投入听你的演说。所以，一开始的时候，我们就需要对听众有一个基本的了解，至少知道大多数的听众是什么样的群体，如学生、医生、老年人等。其次，我们要真实地、准确地告知你的听众"你是谁"。这样做是为了让双方之间更加了解，更加信任，为接下来的演说中的互动奠定良好的基础。

当然，每一个演说家都有自己独特的、新颖的、有趣的自我介绍方式。但是，演说者要记住的是，无论你采取什么样的方式自我介绍，首先一定要看清楚自己的听众是谁，其次就是面对这些听众清楚地介绍自己，尽情地展现自己的个人魅力，为自己的演说加分！

简练总结，强化演说的重点

我国有句俗话说：编筐编篓，重在收口；描龙画凤，难在点睛。19世纪法国最伟大的军事家拿破仑也曾经说过："兵家成败决定于最后五分钟。"同样，我们也可以说，演说的成败在一定程度上也取决于演说的结尾。即演说者对演说的总结是否简练，能不能强化演说的重点，让听众记住演说者和演说者在演说中所表达的内容。

然而，很多演说者并不那么在乎演说的结尾。他们认为，开头和中间的内容表达得好就可以了。但是，对于听众而言，他们的精力是有限的，中间很可能因为某些因素而错过了一些内容，如果演说者在演说结束的时候，能进行简练的总结，强化重点，不仅能让听众回忆起听过的内容，还能让听众听到自己错失的精彩内容。

除此之外，演说之后进行简练总结，强化重点内容的好处是，一个精彩的、耐人寻味的总结，如同锦上添花，能够给听众带来一种满足感。如果演说结束后，没有总结，草草收场，会给听众造成一种头重脚轻的感觉，认为你的演说只是在完成任务，听众会深感遗憾，失望而去。因此，演说结束后的总结，其实比开场白更为重要，它能够强调重点，升华演说的立意，再一次加深听众对演说者表达的内容的印象，让你的听众在回味中流连忘返，不肯离去。因此，在演说结束后，演说者一定要懂得对演说的内容进行简练的总结，再次强化演说的重点。

（1）概括演说的思想和观点

在演说结束总结时，演说者要遵循的原则是总结一定要简练。因为，要表达的内容已经在前面表达过了，总结是为了让听众能够通过自己简练的语言，回顾你演说的内容。如果总结太繁杂的话，相当于把中间的环节又重复了一遍，不但没有任何意义，浪费了听众和自己的时间，还难以起到升华演说主题的作用。所以，在结束、总结的时候，演说者要懂得使用简练的语言，对自己的演说内容和思想观点做一个高度的概括，以起到突出演说的中心，升华演说的主题，首尾呼应，画龙点睛的作用。例如演说稿《永照华夏的太阳》的结尾：

我们是从哥白尼日心说中认识太阳的，我们又是从历史的迁徙中认识中国共产党的。八十年过去了，八十年斗转星移，日月变迁。太阳仍依托马列主义的热核放出它巨大的能量，从而去凝聚属于它普照的民族和人民。月亮离不开地球，地球离不开太阳，人民离不开党。祖国的未来，中华的腾飞，需要中国共产党的领导，党就是永照华夏的太阳，也就是我们心中的太阳。

在演说结束的时候，演说者用简练而精彩的语言，概括了整篇演说稿的内容，并巧妙地从自然界的太阳引申到华夏儿女心中的太阳，并将它们进行对比，利用日月星辰不可分割的关系，归纳总结出月亮离不开地球，地球离不开太阳，人民离不开党的结论。这个结论，字里行间表露了对党的希望和热爱，突出了演说的中心，紧扣演说主题，强化了演说的核心内容，必然会给听众留下深刻的印象。

（2）强化演说的重点

很多演说者，在演说结束的时候，为了证明自己观点是具有价值的，会反复去陈述，发表自己的种种意见。原本听众很欣赏演说者提出的观点，但是由于结束的时候演说者的"画蛇添足"，让大家弄不清楚演说者到底要表达什么，强调什么，最后导致演说效果大大降低。而导致这种情况的主要原因是在总结的时候演说者没有强化演说的重点，这将会对演说造成很大的负面影响。而要做到突出重点，让听众明确地知道在演说中听到了哪些重点内容，就需要很明确地在演说结束时，总结出演说的重点。一般情况下，演说的核心，也就是演说的重点，只能有一个。如果重点过多，不仅会给听众造成混乱，演说者在表达的时候也会混乱。

我们可以看下电视剧《亮剑》中，主角李云龙是如何突出重点的：

电视剧《亮剑》的热播，引起了观众的热议，里面的主角李云龙因为说话比较幽默，深受观众的喜欢。在一次打仗的时候，因为失败了，李云龙鼓励身边的战士们说："弟兄们，我李云龙最喜欢的动物就是狼，狼这种动物是又凶又猾，特别是群狼，连老虎都要怕它三分。狼走千里吃肉，狗行千里吃屎。我们独立团就是一群狼，遇见鬼子的时候，就是我们要吃肉的时候了。"战士们听完李云龙的话士气大振，异口同声地喊道："誓死抵抗！誓死抵抗！"

李云龙在讲狼的时候，或许大家并不知道他的目的，甚至把整个关于狼的故事讲完后，也还是有人不明白李云龙这句话的意图，但是当李云龙最后一句说"遇见鬼子的时候，就是我们要吃肉的时候"，让团队的成员明白，自己要像狼一样勇敢，去抵抗自己的敌人。所以，对于演说者来说，无论前面讲了多精彩的内容，最后一定要明确告知听众，演说的重点是什么，这样既能确保大家都明白演说的重点，也能够让大家重新回顾演说的内容，加深印象，这是确保演说成功的万无一失的做法。

所以，对于演说者而言，真正演说的结束，不是你把自己要说的内容表达完就行，而在于你的听众是否听懂了你说的内容，是否知道你演说的主题和重点。所以，为了确保这些问题，在演说结束的时候，演说者一定要对演说内容进行简练的总结，突出主题，并强化演说的重点，有效地为演说传递的思想和目的服务，这也是对听众的负责。

切忌以问答形式结束

如果演说者有了一个巧妙的开场，抓住了听众的心，顺利地表达完你想表达的内容，那么最后你还需要一个回味无穷的结尾。如何让听众回味无穷，期待你的下一场演说？很多演说者认为，那么抛出一个问题，让听众去回答，只要我不告诉他们答案，那么他们就会对我感兴趣，会继续来听我的演说。事实上，并非如此。

抛出问题，以问答的方式结束，很像写故事时设置悬念的手法，一般情况下能调动观众的胃口，激发听众的好奇心和兴趣。但是如果这种悬念留的时间太长、太刻意，会让听众认为你只是单纯为了让他们下次继续听演说而设置的问题，意义根本不大。这就像有人说，写作其实就是一个折磨读者的过程，他们不知道未来在作者的笔下会发生什么，所以为此着急，受着情节的折磨，因此会将书继续读下去。但是，这种折磨的时间很大程度上是受读者自己控制的，他们完全可以一口气把书读完，减轻自己所受的"折磨"。而演说一般隔的时间比较长，这段时间，如果听众无法知道答案，他们会由一开始的感兴趣，变成最后的不感兴趣，然后会质疑你的演说。所以，在演说结束的时候，切忌以问答形式结束。那么，在演说结束的时候，要以何种形式结束才能让听众回味无穷呢？

（1）向听众发出号召

演说者站在舞台上的目的，就是为了跟听众分享自己的思想和观点。所以，在结束的时候，演说可以在总结演说的重点之后，再次向听众发出号召。

发出你的号召，可以唤醒你的用户，让他们兴奋起来，进而提高演说的效率。例如，演说稿《一位纪委书记的"大家"和"小家"》的结尾：

同志们，朋友们，我们正处在一个伟大变革的黄金时代，经济的发展，国家的富强，民族的振兴，需要全体人民的艰苦奋斗，特别是共产党人的模范带头作用。如果每一个共产党员都能正确处理好"小家"和"大家"的关系，严格地按党性原则要求自己，用党的纪律约束自己，用党旗下那神圣的誓言激励自己，那么我们党的形象将会更加光彩照人，我们党将会更加坚强伟大。

这种结束方式，就是演说者用自己独特的思想和见解向底下的听众发出号召，能够更加激发听众的热情，让听众能够更加兴奋，响应你的号召，加入到你的行列中。

（2）向听众表明决心

在生活或者工作中，为了能够获取对方的信任，向对方证明自己一定可以做到某件事情，我们常会向对方表决心，以发誓的形式做出承诺，如："我一定会帮助你完成这件事情，我发誓，如果我做不到，我就不配做你的好朋友。"往往这样说之后，不但会让对方更加坚信自己，也促使自己更努力去完成这件事情。

同样，演说结束的时候，为了获取听众的信任，激励自己，我们可以向听众表达我们的决心，以发誓的形式结束演说。例如，关于资源节约的演说，在结束的时候，演说者可以说："我一定从自己做起，从身边的小事做起，节约资源，保护环境，无愧于今天来听我演说的人和相信我、支持我的所有人。"这种结束的方式感情真挚，能够打动听众，建立更强的信任关系。

（3）向听众表达情感

人是情感动物，要想打动人心，最好的方式，就是以情感人。其实，演讲本身就是一个抒发情感，表达自己思想和观点的活动，在结尾处以抒情、表达自己感慨的方式来结束演说，能够再次激发听众心中感情的浪花，将演说推向一个高潮。例如，一篇关于安全的演说稿《请保护好自己》中的结尾：

"人有悲欢离合，月有阴晴圆缺"，但请您牢牢把握安全。"但愿人长久，千里共婵娟"是我给您的祝愿，"请保护好您自己"。为了国家，为了企业，为了和您朝夕相处的同事，更为了您和您的家人，"请保护好您自己"。

这个结尾虽然简洁，但是里面包含了演说者对人们真诚的祝愿，抒发了演说者最真挚的情感，会深深打动听众的心，让他们愿意加入安全的活动中，保护好自己。

（4）以新颖、有趣的方式结束

结束的时候，未必一定要表达祝愿或者号召，演说者可以打破常规，采取新颖有趣的方式，这样会更加吸引听众，激发大家的热情。例如，可以采取以下几种方式：

→ **诗词**。我国古代流传下来很多的诗词，这些诗词很多能够高度概括某个观点，而且说服力比较强。所以，在演说结束的时候，演说者可以找一句跟演说主题相关联的诗句，既能体现演说者的智慧，还能加深听众的印象。

→ **歌曲**。音乐是能够打动听众的一种方式。所以，在演说结束的时候，为了让听众更有共鸣，对今天的演说回味无穷，演说者可以选一首跟演说主题，现场氛围很贴合的歌曲来结束演说。这样能让听众在音乐中轻松、愉快地结束演说。

（5）给听众美好的祝愿

演说者可以在结束的时候，以一种对未来美好的期待来结束你的讲话，这样可以把你的听众带到未来，展开美好的想象，并对未来充满信心和希望。例如，演说关于"幸福"的话题，演说者在结束的时候可以说：幸福是属于每个人的。所以，在这里，我祝愿在座的各位都能找到自己的幸福。

（6）在高潮中结束演说

所谓的高潮，就是演说到最精彩的时候，在高潮中选择结束讲话。这种方式既能够精练、高度概括演说的重点，也能激发听众的激情，掀起高潮。例如《有种胜利叫坚持》的演说稿的结尾：

有两个字叫作努力，有一句话叫作坚持到底就是胜利。也许你不是最棒的，也许你毫无信心，但是只要你努力拼搏，终点就在眼前！奋斗吧！那疾驰的英姿！

这个结尾就是在演说高潮的时候，结束了讲话。这种方式有一定的高度，因为它高度概括了演说内容的重点，语言的力量一句比一句强大。所以这种有力的表达方式，能够再次掀起一阵高潮。

总而言之，不要为了吊听众的胃口，而冒险选择问答的形式。演说者要想让听众对你的演说内容回味无穷，可以采取以上几种方式。无论采取哪种形式，演说者要知道的是，演说的结束一定要有一定的高度，既能够升华你的主题，又要调动听众的热情，再次掀起演说的高潮，进而提升演说的效率。

近因效应：完美收尾，意犹未尽

任何事情，都需要有头有尾，而且结尾和开头一样重要，甚至比开头更重要。尤其是对于演说而言，一个完美的收尾，好比"画龙点睛"之笔，能够让你的演说提升一个高度。换句话说，就是让对你第一印象很好的人，在熟悉之后，会对你的印象更好。这在心理学中被称为近因效应。

近因效应是相对于首因效应而言的。这种效应主要是产生在熟人之间，是由最近的某一信息，使得过去形成的认识或印象发生了质的变化。例如你熟悉的人，他平时的表现一般，突然做了一件很厉害的事情，那么今后你就会对他刮目相看，或者说你熟悉的好姐妹，欺骗了你，你以后很可能就不再愿意相信她，这就是近因效应。

在人际交往中，我们可以利用这种效应来改变以往不好的状态，恢复之前的关系。在演说中也是如此，我们可以采取良好的近因效应，让听众对我们有更好、更深刻的印象。而要做到这一点，就要在演说结束的时候，给听众呈现一个完美的收尾，让听众意犹未尽。

（1）最后一句话一定要慎重

在演说的收尾阶段，你的最后一句话一定要慎重。很多演说者，在演说即将结束的时候，就开始得意忘形，草草收场。这样即便你在上台的时候给听众留下了很好的印象，也会因为你最后的不认真、不真诚的表现，而让听众对你失望。所以，对于演说者来说，其实无论是开始还是结束，你所表达的每一句话都必须是经过慎重思考的，尤其是结尾。因为结尾是对主题的升华，是对内容的总结，如果你很随意，很可能毁掉正常演说，你所有的付出也就白费了。

（2）做真实的承诺

前面我们提到了，可以用表决心，发誓承诺的方式结束演说。但是，这种承诺一定要真实，否则你的演说很可能被听众认为是一种蓄谋的"营销活动"。例如，某大型演说会上，演说者最后表决心说："相信我，听了我的演说，你们的收入会翻倍，而且我敢对你们发誓，如果你们没有成功，我选择退出演说的舞台。"这种承诺，就属于浮夸、虚假的承诺，不但不会让听众信任你，反而会让原本很认同你演说中观点的听众对你产生反感心理。这就属于恶性的近因效应，会严重影响演说的效果。

所以说，你的决心和承诺一定要真实。例如，关于提高工作效率的演说，为了表决心，演说者可以承诺：也许今天听了我的演说不会让你们的工作效率立马提升，更不会说让你们的薪资翻倍，但是只要我们尝试利用我今天所说的方式去改变自己，我敢保证，你一定会有收获。因为，敢于去尝试新的工作方式，敢于改变自己就是一种收获。

（3）表达感谢

在演说结束后，你需要感谢前来参加你的演说的听众。对于任何人而言时间都是宝贵的，演说一般持续的时间为 1～2 个小时，这些跟你毫无血缘关系的人，愿意在百忙之中，抽出空来听你的演说，你必须要感谢他们，以表示你的真诚。

但是很多演说者认为，他们来听我的演说，是因为他们认为我的演说有价值，我可以跟他们分享有价值的思想，传递更多他们不知道的信息，改变他们对世界的认识。所以这么说来，应该是听众感谢我才对。但是，你要知道，听众获取有价值的思想和更多信息的方式有很多种，而且世界上有名的、实力更强的演说者也有很多，他们之所以选择你，是相信你。而在当下没有信任就寸步难行的时代，听众对你的这种信任，远远高于你提供给他们的思想和知识的价值。

除此之外，我们传统文化就强调，人一定要怀有感恩的品德。这种品德会让对方更加信任你、珍惜你。所以说，演说者在演说结束的时候，一定要对听众表示感谢。这样可以让他们感受到你的真诚，加深对你的信任，并且一定会再次期待来听你的演说。

当然，这种感谢，不是演说结束之后的一句简单的"谢谢"，而是要带着感情，用眼神跟听众交流，并要说出你为何感谢他们。例如，演说者可以说："很感谢大家百忙之中抽空来听我的演说，也许我不能让你们立刻发财致富、薪资翻倍，但是你们仍然选择相信我，这让我十分感动，而且会更加努力。最后，感谢大家。"在说完这段话之后，演说者可以配合肢体动作，深深向听众鞠上一躬，这样会让听众更加感受到演讲者的真诚。

（4）表达期待

对于演说者来说，每次的演说都是一个认识听众，展示自己的魅力，留住听众的机会。而要把握好这个机会，就要在结尾的时候，懂得以语言表示期待。但是，这种期待一定要注意把握尺度，例如，不能说"希望你下次继续参加我的演说"。这样的话，好像在推销产品，很可能让对方产生反感。

所以，在表达期待的时候，一定要充满感情，眼神要真挚，要让听众感受到你的真诚。例如，演说者可以说："我知道未来的路很长，需要付出更多的努力。但是，有你们的信任和支持，我会更加有信心去克服这些困难，并且会努力学习新的知识，期待下次跟你们见面的时候，能一起愉快分享更多的、更有价值的思想。"这样说，不仅表达了演说者对听众的感谢，也真诚地表达了对下次见面的期待，会让听众感到很温暖。

　　总而言之，演说者要认识到演说中收尾工作的重要性。其实，每一次演说的收尾，也是下一次演说的开始，我们需要把握这个机会，留住你的听众。

第四章 演说的风格：声音和姿态

声音和姿态，很多时候决定了一个人的演说风格，而一个人的演说风格，很多时候决定了演说的魅力和感染力，进而决定了演说是否成功。所以，演说者需要懂得去掌控自己的声音，懂得在演说中，如何运用自己的姿态，让演说更具吸引力和感染力。没有人天生就是演说家，但是通过不断的练习，你也可以成为一个有自己风格的演说家。

声音决定你的语言魅力

声音有一种魅力，不仅仅是指音色。音色只是声音的一个要素它和节奏、音调共同决定了声音的特性与魅力，以及声音带给人的感受。所以，在生活中，我们会遇到一些让人昏昏欲睡的声音，也会遇到一些让人亢奋的声音，这就是不同声音的魅力。所以说，决定语言魅力的并非你的音色，而是你的声音。

一般情况下声音分为三个要素：

→ **音质**。音质可以表现出声音是高亢尖锐还是温和沉稳。

→ **响度**。响度可以体现出声音轻重的变化。

→ **音调**。音调可以判断出声音是否抑扬顿挫、有高有低。

演说者要想利用自己声音的魅力，吸引自己的听众，这三个要素是缺一不可的。演说本身就是一种声音的艺术，也是一种用声音来传达理念和思想的能力。声音的高低、快慢、冷暖直接影响到演说家的影响力、感染力以及现场听众的专注力与接受力。可以说，声音在演说过程中起到了举足轻重的作用。

2018 年，湖南卫视推出了一档名为《声临其境》的综艺节目。嘉宾参与节目演说的最开始，需要在幕后用各种形式呈现自己的声音。也就是说观众不能见其人，只能闻其声。第一期的嘉宾有赵立新、周一围等，他们用自己专业的知识和严谨的态度，实现了对声音和所配音的角色的理解和塑造。这是第一档以"声音"为主打的综艺节目，节目播出之后，引起了观众很大的反响。

很多人讶异，声音居然有如此大的魅力。仅仅听到声音，就像一个鲜活的形象展示在自己面前一样，即便根本看不到这个人，你也觉得触手可及，并且还会被这种声音打动。所以说，在这个节目中，你是谁不重要，你的声音有没有魅力才是关键。

但是，很多演说者认为，声音是天生的，我改不了。而且还有很多人认为，演说主要是看自己表达的内容是否精彩，跟声音没有多大关系。其实并非如此，声音是可以通过后天的训练塑造的，而且好听的声音能够吸引听众的注意力，大大提升演说效果。

那么怎样塑造声音，让演说更有魅力呢？

（1）音质

音质是一个相对全面的概念，它包括了声音的全部构成因素。音质更受一个人的主观感觉和生理条件影响，不太稳定。所以在说话时，把控平衡好音质就显得尤为重要。在你音质不稳定的时候，可以通过自身来调节，例如身体放松，多做深呼吸，吸入足够的氧气运达肺部，储存大量的气体来保证发声时可以有足够的气息。这样你的声音就会听起来温和而沉稳，反之则会给人一种冷漠、没有感情的感觉，很难吸引你的听众。

所以说，将身体能量注入声音，也是传达声音强弱质感的方式。能量越多，产生的感染力和力量也就越大；呼吸平衡得越好，越能体现出你的语言魅力，演说也就进行得更加顺畅自如。

（2）响度

如果一个演说者说话太轻，就会给人一种拖沓懒散、没有力道的感觉，很容易消耗听众的耐心，让听众产生反感，没有兴趣再继续听下去。甚至有些听众会认为你不仅是在消极对待演讲，也是对他们的不礼貌和不尊重，认为你不是一个称职、敬业的演说者。反之，倘若用一种较重的响度呢？例如，演说者精神饱满地走向舞台，用清晰较大的响度跟听众打招呼，继而借用欢快的方式切入主题，如："认为成功最重要的，请举手！""认为幸福最重要的，请举手！""认为健康最重要的，请举手！""好的，我已经了解了大致情况，谢谢大家配合！"这样的响度辅之以互动性的话题，就会呈现给观众一个简洁欢快的开头，让听众保持轻松而欢乐的情绪。

不过，运用明快的声速并不是指从演说的开始到结尾都保持明快的速度，而是懂得把握，在关键之处运用明快的响度，活跃现场气氛和吸引听众注意力。演说的速度可以根据演说内容、结构来进行具体调整。总之，响度的运用是为了增加声音的魅力，吸引听众，帮助我们更好地进行演说。在演说中，使用适中的响度可以使演说显得生动有趣，也可以让演讲者顺畅自如、充满自信地掌控演说。

（3）音调

如果我们用模糊不清、软弱无力的声音来进行演说，不仅会给听众一种病恹恹、软绵绵、不舒服的感觉，也会给听众留下不好的印象，进而让听众对我们的演说失去兴趣。如果一开始都引发不了听众的兴趣，那么接下来的演说就很难进行下去。反之，如果换一种音调方式来演说，比如说高亢而愉快的声音，可能效果就不一样了。

著名曲艺演员冯巩，每年在《春节联欢晚会》开场的第一句话就是："我想死你们啦。"每次话一出口，总让观众精神兴奋，欢笑一片。我想观众记住的不仅仅是冯巩本人，对他这句话印象更深刻。因为冯巩在说这句话的时候，每个字的音调都是抑扬顿挫的，而不是像我们平常跟朋友简单寒暄的那样的语调。所以说，语言的魅力不仅仅体现在你表达的文字内容上，相同的内容，用不一样的语调说出来，吸引力也会变得不一样，甚至会因为独特的音调运用，而让某句话成为自己的象征，就如冯巩的"观众朋友们，我想死你们啦"。

所以说，在演说开始的时候，我们要用高亢愉悦的声音向全场听众打招呼，问好。高亢愉快的声音不仅可以给观众带来快乐的心情，还可以在听众内心树立起快乐、开朗的好形象，进而加深听众对你的印象。

声音的高低可以很生动地传达一个人的情感。也正是因为如此，它在很大程度上直接体现了我们的语言魅力，也决定了一场演说的感染力。不过高亢的声音有一个量化的标准，并不是歇斯底里的大喊大叫就是高亢的声音，这样的声音对听众来说，并不具备吸引力，甚至让人想逃避，被认为是噪音。真正有魅力的声音应该是高亢而嘹亮、清晰而悦耳的。这才是听众想要的，这样的声音才会让人感觉舒服、充满力量。

总而言之，演说中对于声音的把控与运用并不是一朝一夕的事情。演说者为了演说得更加精彩、动人，就需要不厌其烦地努力练习，通过控制声音的各个要素，并使之富于变化，逐步找到最适合自己，最能展现自己的声音，吸引你的听众，展现一场动听的演说。

语调背后隐藏着情绪语言

语调不仅是声音的一种元素，还是情绪的一种表达方式。例如，我们不开心的时候，我们说话比较简短，爱用平调的句子，而开心的时候，则会说比较长的升调的句子。所以说，很多时候，我们的情绪语言隐藏在语调背后。因此，演说家可以通过控制音量，来调整自己的情绪，这其实就是声音的一种魅力。

我国古典四大名著之一的《红楼梦》中有这样一个场景：

林黛玉初到贾府时，王熙凤出场时是"未见其人，先闻其声"。人还没见着，后院就听见有人笑着说："我来迟了，不曾迎接远客！"林黛玉感到很纳闷：这些人个个都敛声屏气，恭肃严整如此，这来者系谁，这样放诞无礼？这时候，只见一群媳妇丫鬟围着一个人从后面迎上来。这个人无论是从发饰还是穿着上，都特别有气势，一双丹凤眼，两弯柳叶眉、好看极了。林黛玉忙起身接见。贾母笑着说："你不认得她，她是我们这有名的一个泼皮破落户儿。南省俗谓作'辣子'，你只管叫她'凤辣子'就行了。"黛玉听后笑了，其他在场的人也都笑了，气氛非常活跃。

王熙凤的"先声夺人"，其实就是以声音展现了她的个人魅力。而且，在这里面最为关键的是，王熙凤的这句话，藏的都是她欢喜的心情，不仅能让远客林黛玉很欣慰，也逗乐了在场的其他人，打破了当时悲伤、严肃的气氛。所以，在演说中，演说者为了表达自己的情绪，就需要掌握语调的用法，用富含情绪的语调感染你的听众。

何谓语调？语调是指在句子中用来表达思想感情的抑扬顿挫的语音旋律。在汉语中，字有字调，句有句调。字调即声调，句调即语调。语调的内容丰富复杂，一般来说包括四个方面：

→ **轻重**

→ **停顿**

→ **快慢**

→ **高低**

在演说中，语调变化的背后往往暗藏着演说者的情绪。每一个词语、每一段句子都有着其自身需要表达的意思和情感，语调中的抑扬顿挫，不仅可以使语意表达得清楚完善，而且还可以传递丰富的情绪语言，可以使内在的思想感情表达出来，从而让演说能够更加打动你的听众。

通常语调中的抑扬顿挫，是随着演说家的思维来调节改变的。那"抑扬顿挫"是什么？抑就是声调语调往下降；扬就是语调高起来；顿就是讲话中的停顿；挫就是讲话中的转折。总的来说，就是指声音的高低起伏和停顿转折。

一段好的演说总是有高低、有跌宕起伏的，这样才能让人听到演说背后的情绪、感情，才能用情打动听众。反之，一段演说中没有抑扬顿挫、只是平铺直叙的述说，会让人觉得没有感情。没有感情的演讲，即便内容再好，也抓不住听众的心。无论是汉语、英语、法语或者是其他语言类的演讲，都是通过抑扬顿挫来感染、带动听众的情绪的。

2017 年 4 月 2 日晚，在央视《朗读者》的舞台上，张国强和维和战士抑扬顿挫地深情朗诵诗歌《等着我吧》：

等着我吧——我会回来的

只是要你苦苦地等待

等到那愁煞人的阴雨

勾起你的忧伤满怀

等到那大雪纷飞

……

往昔的一切

一股脑儿抛开

等到那遥远的家乡

不再有家书传来

等到一起等待的人

心灰意懒——都已倦怠

等着我吧——我会回来的

不要祝福那些人平安

他们口口声声说——

算了吧，等下去也是枉然

纵然爱子和慈母认为——

我已不在人间

纵然朋友们等得厌倦

在炉火旁围坐

啜饮苦酒把亡魂追荐

你可要等下去啊

千万不要同他们一起

忙着举起酒盏

等着我吧——我会回来的

听完这首诗后，著名主持人董卿和现场观众都被感动落泪。他们用起伏的语调，表达出真挚的、可贵的情感，说出了维和部队战士的心声，也打动了现场听众。

语调背后的情绪永远是打动观众的利器。

一个站在台上的说话者，要想感染听众，使得听众的内心、情绪随着演讲的波动而变化，就要懂得充分利用语调中抑扬顿挫的技巧。那么作为一个演说者，如何在演说中做到抑扬顿挫呢？

总的来说，语调的抑扬顿挫需要长时间的练习与揣摩，需要从音调的变化、节奏的快慢变化、停顿变化等方面把控与平衡。

（1）音调的轻重变化

一般情况下，音调的变化能够带来抑扬顿挫的效果。这对于演讲者来说，具有非常重要的作用。音调的变化可以造成声音的多样化，从而使得听众乐于接受，给听众带来听觉上的美感。可利用轻重音起伏的跌宕变化来有效地传达情感。例如，运用重音，既能突出一些关键词、关键句子、主题思想，又能加强语言的色彩，美化语言，传达思想感情。

经验表明，尤其是议论文形式的演讲，往往在结尾的地方重音比较多，因为这样做不仅可以营造一种强烈的情感氛围，突出演讲的主要内容、中心思想，还可以把整个演讲推向高潮，给听众带来强烈的情感共鸣。

（2）节奏的快慢变化

演讲的节奏，要体现出轻重缓急的变化。在表达一般内容时，语速要适中，既不能太快，也不能太慢。当演说者想表达突出内容或者鲜明的思想情感时，要势如破竹，出言吐语要快、要稳。

反之，讲到庄严、沉重、悲壮、伤感的内容时，语速需要适当慢下来，娓娓道来。就演讲的整体而言，语调的变化应当是自然、顺畅的。只有音调适宜、快慢有致，才能更好地传达出演讲者的情绪、感情，才能让听众感到舒服、畅快。反之，如果语速的快慢不当，缺乏起伏变化，始终保持一个快节奏或是慢节奏，就很难准确地表达出演讲者的情绪、情感，甚至让观众感到厌倦、疲惫。

（3）停顿变化

停顿，是演讲中的间歇。有时候演讲者为了更好地传达思想感情，为了给予观众充足的思考空间，会在演讲必要时选择适当性的停顿。美国著名沟通传播大师卡迈恩·加洛说："停顿是演讲中最奇妙的休止符，恰到好处的停顿往往比语言能更有效地传达思想。它能促使人们对主题进行深入的关注和思考，使演讲者的信息更加有效而巧妙地得到传达。"可见，停顿也是一种说话的艺术，恰到好处的停顿，对一场成功的演讲来说有着重要意义。那一般情况下停顿有哪些呢？

→ 词语或句子间的停顿

→ 段与段之间的停顿

→ 加强或修辞的停顿

在演说过程中把握运用好这些停顿技巧，可以更好地达到演说者想要的效果。总之，如果我们能够学会在演说中运用轻重、语速和停顿的技巧来做到抑扬顿挫，调动起语调背后的情绪语言，那么我们的演说就更容易抓住听众的内心，从而取得更好的演说效果。

丰富的表情更具感染力

在演说中，巧妙用语言，就会给人妙语连珠、字字珠玑的感觉，使得观众为之动容。但是一场成功的演说，除了发挥语言的重要作用以外，还需要辅助以丰富、动人的表情，从而使得演说更具吸引力和感染力。所以常有人说，演说中，无声的语言很多时候比有声语言更能吸引你的听众，因为很多丰富的表情，是比语言更具感染力的。例如微笑。很多时候，我们甚至不用说话，一个微笑就能解决问题。当然，除了微笑，一些其他的表情运用，也会让演说更生动、更有趣。

杨迪，著名演员、主持人。很多人最开始认识杨迪，并非因为他的电影和主持的节目，而是他夸张的表情。其实早在 2009 年，杨迪就开始频繁出现在电视上，并且担任了河南卫视《民星在行动》的节目嘉宾主持。但是，由于长相不是很出众，很难有观众会记住他。但是在 2010 年，杨迪参加了东方卫视的《中国达人秀》，因为表情极为夸张，让观众对他留下了深刻的印象，一时间关注度提升了很多。随后，杨迪的演艺生涯可以说是一帆风顺，演了周星驰导演的《美人鱼》，并跟谢娜一起搭档主持综艺节目。所以，后来人们称他为"表情帝"。

杨迪的成功之路，其实就是因为他发现了丰富表情的感染力，并将这种感染力呈现给大家，给观众带去了很多欢乐。所以，同样站在舞台上的演说家，也要懂得运用丰富的表情，来展现自己的感染力。

根据研究显示，人的表情具有强大的丰富性和复杂性，如果使用得当，将会对说话、表达起到不可估量的作用。

有人曾问古希腊最伟大的演说家德摩斯梯尼："对于一个演讲家，最重要的才能是什么？"德摩斯梯尼回答道："表情。"那人又问："其次重要的呢？""表情。""再其次呢？""还是表情。"可见表情对于演说的重要性。表情甚至被称作优化语言的神器，它可以把演讲者各种复杂变化的内心世界和情感表达出来。

一个人的表情往往会体现出他的内心活动。面部表情的变化，是人的思想感情在外貌上的显示。一般来说，喜则眉飞色舞，怒则龇牙瞪眼，悲则愁眉紧锁，乐则喜笑颜开。人类心理活动的微妙恰恰是借助表情流露出来的。这种面部表情被称作"脸语"，蹙眉皱额表示专注、关怀、不满、愤怒；眉头上扬、瞳孔放大，可能是表示惊讶等。

那么在演讲中如何运用表情才能更好地传达情感呢？下面我们从嘴巴、眼睛、眉毛等面部组成部分，来略谈一二。

在演讲过程中，演说者可以借助表情变化来表达自己内在的感情。

→ 讲到愉悦美好的地方，可嘴角上扬，面颊往上抬，眉毛平舒，眼睛弯弯，并且散发出愉快的光芒。

→ 讲到悲伤的地方，可低垂双眼，下巴向下拉，皮肤松弛，使得面部所有的地方都软塌塌的，就像是脸庞融化一样。嘴角下沉，也可轻轻抖动，使得这种悲伤的情绪显现出来。

→ 讲到惊奇的地方时，嘴巴先张开，而且口形越圆越好，之后眉毛上扬，双目圆睁。不过惊奇是最为短暂的一种表情，所谓昙花一现，来无影去无踪。

→ 讲到愤怒的地方，可以伴有这些表现：眼睛——瞪大双眼，放射出逼人的光芒。眉毛——下拉或者倒竖。嘴唇——嘴唇颤抖是激动的表现，伴有面部肌肉僵硬、抽搐则表现出内心强烈的愤怒。呼吸——会变得急促，甚至胸部、腹部变得起伏不定。总之，表情要随着演说内容的变化而变化，让听众的情绪随你而动。

乔布斯就是这样一位懂得运用表情的演说者，对于每一次上台演讲，他总会不断研究自己的表情演绎。每一个动作、每一个姿态他都力求真实，力求与演说最大程度上吻合，使得演说不仅自然真诚，而且具有感染性。在乔布斯的观念里，他坚定地认为，演讲的整个过程应该和戏剧是一模一样的，应该包含戏剧中的一切元素，包含精彩、真实的表演成分。在每一次演讲开始的前一段时间，他就在揣摩每一段内容背后的细腻感情以及感情的准确展现。比如，他会仔细思考演讲中的语调、眼神、表情等该如何设计；在演讲高潮时该如何呈现给现场观众；演讲中如何保证表情与内容自如地切换，更好地传达情感，感染观众。

听乔布斯的演讲，对于很多人而言，就像是看一部大片，他可以通过演说中语言和表情的演绎为你呈现出英雄、伟人、反派的角色，视觉效果非常震撼，带给听众丰富的人物画面。每次在演说时，他就像是一个精神饱满的表演者，满脸都是丰富动人的表情。这样使得演说更有力量、更加活跃、更加精彩。可以说，乔布斯每一次丰富精彩的演说都灌溉滋养了他的苹果乐园，都把苹果公司推上了一个新的高度。

由此可见，优秀的演讲者总是会充分利用面部丰富的表情，来表达丰富的思想感情，从而吸引听众、感染听众、影响听众。所以对于一名演说者来说，动人的演讲内容从来都不缺少，缺少的是如何把这些演讲语言、演讲内容，赋予一个有血有肉的角色。如何通过丰富的表情吸引观众、感染观众，诠释出每一个瞬间该有的效果，呈现出更加丰富生动的画面，这才是演说真正的魅力所在！

舞台上的站立和走动皆有学问

一般情况下来说，站立是一个演讲者必须遵循的基本原则。古今中外，成功的演说家几乎都是站着演讲的。不管是国家元首、政府官员，还是成功的演说大师，都一律站立演讲。

"站"不仅是身体动作，也是一种精神的体现。既然是精神的体现，那么站姿和走动当然有一定的学问和要求。

就演讲者站立的重要性来讲，我们可以看到，无论是在联合国演说台上还是在世界性的舞台上，没有哪个演讲者是坐着讲话的。其原因就在于演讲对一个人精神状态的要求，而且人只有在站立的状态下，说话的声音才更有力量，气场才会更加强大，否则会给听众一种慵懒无力的感觉，会大大降低演说的效果。此外，站立的精神状态是对听众的礼貌、尊重，可以显示出一个演讲者的精神风貌和演讲态度，可以缩短与观众的距离，加强与观众之间的亲密交流互动，从而更好地带动气氛，另外还可以给人一个完整的形象，可以更加自如地使用手势、动作，最大程度彰显演说的魅力！

那么演讲者要如何掌握台上的站立姿势？

首先，人站立的基本姿态通常有三种：立正、稍息与跨立。形象化来说，就是要站如松，当一个人站立如松树时，便有了气魄，有了精神。因为松树象征着一种气节、一种精神。它们的叶子不随四季更替而变化，树干却高大挺拔，任凭岁月风吹雨打，却岿然不动。这是一种生命的活力，一种精神的力量。

演讲者如何像一棵松树一样站立？从整体的角度来说，站立应该做到头要端，肩要平，胸要挺，腹要收，身要正，腿要直，手要垂，双腿分开，与肩同宽。上身、两脚与地面要基本垂直。演说者切记，不可抖肩斜背。此外，还要避免扭曲身子或者过分斜向一边，这样会给人一种歪斜的感觉，降低听众的视觉效果。在演说中，演说者端正直立的站姿不仅可以体现出自身强大的气场和自信，也能够对观众展现出一视同仁的感觉。

在《超级演说家》舞台上，有一名叫初雯雯的演讲者，她的站姿就是双腿分开，身体端正、笔直而有力量，在舞台上呈现出异于常人的淡定和老练。可事实上她只是一个 90 后的小姑娘，但是她挺拔的站姿，展现出了一种沉稳的气质，完全不像 90 后的小姑娘。所以说，站姿无关年龄、无关男女，每一个演讲者只要努力与练习，都可以拥有树木一样挺拔的姿态，傲立在舞台中央，释放你无限的力量与风采！

其次，从脚的角度来说，立要稳，两脚不可靠拢太紧，也不宜跨得过开，因为在演讲过程中姿势要有所变化。保持稳固站立一般有两种方法：一种是两脚并行，分开大约 20 厘米，根据身高要求来做具体调节。这种站立一般适用于短篇演讲和比赛演讲中。另一种是一脚略前，一脚稍后，呈丁字步或稍息式。身体的重心压在后脚上。两种方法相比之下，第二种方法适合时间较长的演讲，因为它可以调节两脚，缓解疲劳，保留体力。

最后，从手的角度来说，大部分人在初次演讲时都反映一个问题：手不知道放在哪里，不知如何是好。一般在站立演讲时，双手可以自然垂下，放在身体的两侧，可以双手合拢放于腹部，在有讲台的情况下，也可以两手按在讲台上，然后根据具体演讲内容需要手势可以稍做变化。总之，身体自如得当即可。

此外，演讲中并不是仅仅站立有所讲究，舞台上的走动也是一门学问。

（1）动有节奏规则

演讲者在台上走动时，需要慎重的是方向、节奏、快慢等方面要保持一定的规则。既要更好地吻合演讲内容，活跃现场气氛，又要稳住现场听众的情绪。切记，演说者不能来回频繁走动，也许你是为了让两边的听众都看到你，但是来回频繁走动，会让听众视觉疲惫，很可能让听众产生厌倦心理，而且会干扰听众的注意力，导致演说效果降低。

（2）动要符合情理

走动要根据演讲内容的需要，符合逻辑，不可贸然随便走动。比如在进一步追问观众时，在鼓励听众、和听众互动交流时，可以向前走动点，以便于和观众进行更好的互动。

总而言之，对于演讲而言，舞台上的站立和走动皆有学问。站立的姿态，是其他一切姿势的基础，舞台上的走动也是贴合演讲内容的需要。站立和走动的目的是为了给观众呈现一个更好的形象，加深观众对你的印象，提高演说效果。所以说，只有把握好站立和走动的姿态与技巧，才能更好地诠释演说的魅力！

手势比嘴巴更会说话

在无声的语言中，第三种重要的语言就是手势语言。手势是最灵活自如、最富有表现力的动作，是交流互动，传播思想、意念和情感最重要的辅助手段。自然而安稳的手势，有助于演讲者进行平静的演说；强劲有力的手势，可以帮助演讲者升华感情；含蓄而内敛的手势，可以帮助演说者表明心迹。诚如早期马列主义宣传家叶·米·雅罗斯拉夫斯基所说："演讲者的手势自然是用来补充说明演讲者的观点、情感与感受的。"

可以说，在演讲中手是活动范围更广、活动幅度最大的部位。它包括从肩膀到手指的活动，还有胳臂、手腕、手掌等各部分的协调动作。手势作为态势语言的重要组成部分，在演讲中可以传递 40% 的演讲信息，起着重要的表达作用，是演讲中"演"的重要手段之一。

苏联演员瓦·帕帕江说："手势就像文字一样地富有表现力。"一般情况下，在演讲中的手势大体分为四种。

（1）形象性手势

形象性手势，即用来模拟某个物体的手势。毛泽东同志在展现新中国的美好未来前景之时，就是运用手势进行了一段生动形象的讲话。他说，新中国像个什么形状的物体呢？他把两个手的大拇指和食指分别弯曲成半圆的形状，然后两手之间慢慢地合拢，他接着说，像个初升的太阳！这个手势的运用恰到好处，把新中国比喻成一个新生的、冉冉升起的太阳，十分生动形象，让人产生画面感，留下深刻的印象。

所以，如果演说中说到某个物体时，就尽量用手势表达出来。这样不仅能让听众更感兴趣，而且这种方式的传播速度和影响力，远比文字大。

（2）象征性手势

象征性手势，即用来表现某个思想、意念等抽象意义的手势。我们经常可以看到著名演说家在演讲高潮，或者演讲结束时会使用一些象征性的手势：双臂张开、双手托起，举起拳头等。比如，颜永平在一次全国演讲大赛即将结束时这样表现。他说道："如果说中国是一头沉睡的雄狮，就需要我们做主人的用热情去唤醒，让它咆哮，让它呐喊。"这时，他把手有力地张开，又迅速放下。"如果说中国是一头俯卧的巨龙，那么就更需要我们做主人的用双手去托起，让它腾飞，让它振兴，让它永远立于世界强国之林！"话音刚落，他就举起双拳，上下挥动了几下，最后一直立在那里。

借此去表现这种意念、这种强大力量，来烘托演讲气氛。因此，当演说者在舞台上，说到比较富有情感的内容时，可以适当配合合适的手势，以表达自己丰富的情感。

（3）指示性手势

指示性手势，即指出、指明、指示具体对象的手势。在奥巴马的每次演讲中，每当他说到"改变"这个词时，他总会伸出食指，微微卷曲着指向人群，同时向内的手指，指向自己。这意味着不仅指示着观众，也指示着自己。

这种指示性的手势，会让听众有代入感，进而更加信任你，愿意听你的演说，加入你的行列。

（4）情感性手势

即用来表达和传递情感的手势。我们可以经常看到某个故事情节中这样描写：两人挥动双臂，依依不舍告别，或者愉快地单手告别。比如，《孔雀东南飞》中，刘兰芝、焦仲卿的"举手长劳劳，二情同依依"的不舍告别就是这样情感性的手势。

不过，作为演说者在演讲中使用以上类型手势时，需要注意的是：手势贵在自然，切忌做作；贵在协调，切忌脱节；贵在变化，切忌死板。

总而言之，演说手势千变万化，没有固定模式，但是又暗含技巧。这就需要演讲者在日常生活中仔细观察，刻苦训练，积极付诸实践。

用眼神和观众对话

有句话说：眼睛是心灵的窗户。很多时候，从一个人眼神里就能看出他对一件事情的看法，看出他的内心思想。我们知道，很多优秀的演员，他们在表演的时候，甚至不用说话，只用一个眼神，你就知道他想表达什么，并且会被他感动。这种感觉就是"此时无声胜有声"的感觉，甚至比说一百句话的影响力和震撼力都强。所以，对于演说者来说，要想征服你的听众，除了语言表达外，你要学会用你的眼睛说话，用你的眼神向听众传递信息。

根据调查研究表明，眼部动作，即使是转瞬即逝的眼神，也能反映出成千上万条信息，或表达各种情愫和意念。可见，作为一种特殊的态势语言，眼部动作与神态能够表达几种含义。可以说，一旦学会了眼睛的语言，表情的变化将是无穷无尽的，其魅力也是不可估量的。

美国著名演讲家爱默生曾说："人用眼睛说话，其优点几乎与舌头完全一样，眼睛的语言完全无须借助字典，全世界都能理解这种语言。"在表情语言中，其中最主要的就是学会眼神语言的运用。眼睛是心灵的窗户，是与人沟通的桥梁，是传递非语言信息最为有效的渠道。那么在演讲的过程中，眼神有哪些作用呢？

（1）用眼神互动更动人

演讲者可以利用眼神和观众进行良好的互动交流。眼神往往具有很强的吸引力和感染力。一双炯炯有神的眼睛，可以给观众留下良好的印象，让观众产生与之交流与互动的欲望。此外，充满魅力的眼神可以为演说增光添彩，让观众看到演说者内在的自信与情感。如果演说者眼神黯淡无光、躲闪的话，很容易让听众失去信心，进而无法对你的演说提起兴趣。

（2）眼神交流更具活力

演讲者可以用眼神增强活力。就演讲者自身形象而言，演讲者眼神熠熠生辉，整个人就会显得神采奕奕，活力四射，气场会变得更加强大；就演讲的角度来看，好的思想观点和演讲内容，需要灵动的表达，才能显现出其独特的魅力与个性，而眼睛作为心灵的窗户，可以说是演说者最灵动的表达方式，并且这种眼神是独特的，是任何人模仿不来的，会更有活力，进而打动你的听众。

（3）眼神交流更能表达情感

演讲者可以用眼神的变化来表达自己内在的丰富感情。眼睛除了有接收外界信息的功能之外，还有透露和表达内心世界的功能。内心的快乐和痛苦，安静与急躁，喜爱与厌恶，羡慕与嫉妒，尊敬与鄙视，渴望与失望，接受与拒绝等这一切感情的潮起潮落，几乎都可以通过眼神直接或委婉地传达给人们。例如，对某件事情充满信心的时候，眼神都发光，如果对某件事充满信心但是最后还是失败了，那么眼睛里的光就会消失，眼神会变得黯淡无光，显得很委屈。

同理，演讲者的喜怒哀乐也是借助眼睛传达出来的。通常情况下，演说者讲到兴奋之处，喜笑颜开；讲到愤怒之处，怒目圆睁；讲到忧郁之处，双目紧锁；讲到祈祷之处，含情注视；讲到悲痛之处，眉目低垂。

那么，如何更好地用眼神与观众交流呢？

（1）扫视法

演讲者的视线可以从左往右，或者从前往后，还可以平直向前，其视线的落点放在全场的中间位置。在此基础上，用弧形的视线在全场流动，扫视听众。一般而言，扫视可以照顾到全场的观众，给观众营造一种被关注、被重视的感觉，更加容易抓住观众的内心，吸引观众的注意力。相比其他方法而言，扫视法更适用于大场合的演讲。

（2）专注局部法

可以捕捉观众迎合上来的眼神，然后把嘴中说到的演讲内容与之对应、与之互动交流，传达信息。也可以主动地把视线集中到某一个点或者某一面，把眼神停留在一定范围内观众的身上，并同个别观众交流。从观众的角度来说，这样可以使得更大范围的观众感受到演讲者热情而真诚的目光，唤起观众的积极性，使之不由自主地与之相呼应。不过，专注局部法稍微使用不当，就会忽略一些观众，让视线以外的观众产生被忽视的感觉。因此，结合扫视法的优点，均衡地把握住眼神的灵活性，才能更好地与观众交流，达到更好的演说效果。

（3）点视法

当演讲者讲到重要内容或者特殊环节时，可以使用点视法，给观众潜意识里传达一种暗示，也可以说是一种眼神放电。只有电到观众了，才能产生感觉，达成共鸣。

（4）斜视法

即眼珠左右移动的方法。这种方法适用于灵活的眼睛。运用巧妙的话，演讲者既可以表现出对左右两边视线以内观众的密切关注，又可以通过眼神和表情的形象性，表达演讲中流露的真情实感。

（5）虚视法

有些演讲者在演讲时往往给观众一种错觉，表面上在看观众，仔细观察又好像谁都没看。事实上，这类演讲者把大部分的注意力集中在演讲的内容上，而非听众上。

　　虚视法的目光比较分散，不是集中在某一点上，通常把视线散落在听众席的中部和后部。这种方法一般适用于特大型的演讲。

　　总之，眼神的力量是强大的，魅力是无穷的，也是真诚的。很多时候，人会说谎保护自己，但是眼神不会。因此，巧妙地运用眼神，不仅可以增强个人魅力，还可以表达自己的真诚，跟听众之间建立信任感，进而促进演说顺利进行。

别让身体模式出卖你

心理学家指出：信息的表达是通过 7% 的语言 +38% 的声音 +55% 的人体动作来完成的。人体就像是信息发射台，身体上的每一个部位、每一个器官，都有表达情意的功能，包括头部、颈部、肩部、胸部、腹部、腰部、四肢以及它们之间的关联、互动、互补、协调的运动形态。每个人的身体语言，无时无刻不存在于人的举手投足之间。对于站在台上的演说者而言，这种身体模式会被放大。如果让身体模式出卖了你，那么你的演说很可能无法顺利进行下去。

因此，对于演说者而言，想要更好地进行演讲，向听众分享自己的思想，不仅仅要锻炼口才，还要研究如何运用体态语言。所以说，对于演说者而言，只有将两者完美结合，才能更好地诠释演说的魅力。

在演讲中，身体模式运用得恰当既可以表现出一个人的沉稳、成熟、自信、涵养、气质和风度，给观众留下美好的印象，又可以通过魅力吸引观众，感染观众。反之，不得当的身体模式不仅对于观众是一种不礼貌的行为，而且会让观众产生反感，从而使得演讲的效果大打折扣。

（1）利用身体模式给演讲加分

对于演说者而言，首先要做的是，对身体语言有一个全面的了解。一般情况下，我们通常把语言分为口头语言和身体语言。表情、手势、站立、行走等这些从头到脚、非口头语言被统称为身体语言。

在舞台上，要求演说者能够自如地控制自己的肢体动作。也就是说，一方面我们要控制肢体动作，另一方面我们要根据演说内容需要来自如地施展动作。

首先，身体模式要收放自如。一些演讲者在演讲的时候由于紧张或者不灵活，导致身体看起来比较刻板、僵硬。这种类型的演说者，在平时的演讲中就要注意到自己僵硬的地方且加以修正，并且仔细观察优秀演讲者的举手投足的技巧，应用到自身并加以完善。

还有一些演讲者喜欢在演讲之前事先计划设计各种动作，在演讲中刻意为之，过于夸大动作。这一类型的演讲者应该注意以下几点：

→ 首先，身体姿态不能刻意为之，刻意的动作通常都会给人不自然的感觉。所以适当的动作应该和语言相匹配。

→ 其次，人类作为视觉动物，眼睛异常敏感，一旦演讲者的动作稍有不适，观众都能察觉出来，因此，身体姿态要根据演讲中内容投入的感情需要，辅助以自然适中的动作。

→ 最后，不能为了追求演讲效果故意夸大身体语言。不能把演讲中的"演"理解为演戏，脱离演讲实际内容，或者是刻意模仿、借鉴一些相声演员、喜剧演员的表演技巧。例如学杂技表演里一些高难度的动作，比如学海豚音、鸟鸣马嘶等。如果按照这些精心设计的表情、刻意的动作上台表演，往往会给观众带来一种东施效颦、矫揉造作的感觉，使得演讲的动作与内容貌合神离，甚至产生适得其反的效果。

古今中外很多优秀的演说家都十分重视身体语言对演说的重要作用。一方面，这种无声语言不仅会给观众传递丰富的信息，彰显演讲者的人格魅力，另一方面，身体语言还会弥补演说中的不足，并且为演说效果增光添彩。

演讲中任何身体语言都应该是演说者要传达的信息的延伸，也传递着演说者的思想和情感。一切的动作都是在为演说内容而服务，每个身体动作都应该随演说内容的波动而变化，应该和语言内容相互贴切吻合。这样才能给观众一种自然而然、得当的感觉。反之，如果动作突兀，来去自由，会使观众产生一种莫名其妙的感觉，给观众留下一种不认真、不负责任的印象。

除此以外，身体语言还可以弥补有声语言的不足，在演讲中演说者可以借助一些身体动作来掩饰或隐藏自己语言中出现的瑕疵，化解演说过程中出现的不足之处，使得演讲活动能够顺利完成。

（2）演讲中忌讳的动作

演讲姿势贵在自然，切忌做作；贵在协调，切忌突兀；贵在灵活，切忌死板；贵在优雅，切忌庸俗。除此之外，还有一些身体动作切忌在演讲中出现，比如，拍桌子、拍胸脯、用拳头面向听众、双手插入口袋、对观众指指点点、挠痒痒、抠鼻子、抓耳挠腮、弓腰驼背、背着手、双手交叉放在胸前、身体乱动乱晃等。这些不得当的身体模式往往会给观众传达一种不认真、不尊重人的态度，给观众留下不好的印象，影响演说的效果。

无论是政治家、企业家，还是讲师、演说家，只要是演说精彩的人，他们一定会非常懂得巧妙运用身体语言。所以说，成功的演说离不开身体语言的力量，运用得当，它会让你的演讲大放异彩。反之，过于刻意为之、矫揉造作，只会适得其反。

会"笑"，而不只是微笑

笑容，即人们愉快欢乐时所呈现出来的面部表情。在演讲中，它不但是一种个人形象的显示、信息的表达，也是与观众之间交流互动的一种润滑剂。前面讲到首因效应，演说者要想给观众留下深刻的印象，就要懂得利用微笑，展现亲和力和个人魅力，吸引你的听众，融化他们的内心。但是，在演说中，要想让自己的演说更具魅力和吸引力，演说者要学会的不仅仅是微笑。

美国的艾文·格兰特博士认为，人有五种基本的笑容：

第一种，微笑。微笑嘴角上扬，不露牙齿，是一种程度较浅的笑容，是一种典型的会心的笑容。只有当一个人自得其乐的时候才会产生出来，这种笑常见于没有实际参加活动的人，也就是作为一个旁观者——观众发出的会心的笑。但是往往有很多演讲者本末倒置，反而担起观众的微笑角色，不管说到与之内容相关或者无关的，从头到尾表情都停留在微笑上面。这样的演说显然没有力道、没有波澜起伏。在演讲过程中，微笑大多出现在演讲的开始，或者是演讲的结束，给人以亲善友好的表示。

第二种，轻笑。轻笑时嘴微张，上门牙露出。它常被用来作为一种和亲密的人相见时欣喜的招呼。这种笑容较为真实、亲切。一般在演讲中适用于与观众互动提问，或者对于观众问题的回答等。

第三种，大笑。大笑时嘴巴张开成弧形，上下牙齿都露出，是一种程度较深的笑容。它通常发生在尽情欢乐的情况下，有着较强的渲染内容和感染他人的作用。通常可以在讲完幽默的故事和笑话后，为了增强演讲效果而表达出来。

第四种，抿嘴笑。嘴唇含在牙齿中。这样的笑容通常表现出羞涩、内敛的心理，和轻笑较为相似。在演讲过程中，这种笑较多出现在谈及愿望、谈及喜欢的人或事情面前，这种充满渴望与希望的笑意，往往能更好地传达情感和勾起观众的无限遐想。比如在《超级演说家》第一季，进入四强的演讲者曹青莞在演讲中谈到明天、未来、希望等美好愿景的词语，总是双手合十放至下巴，然后抿嘴笑着，她眼神里流露出无限的憧憬与希望，有着强烈的代入感，引发观众更加认真、仔细地聆听。

第五种，皮笑肉不笑。皮笑肉不笑时嘴唇完全向后拉，内心并不想笑，强装笑脸。这种笑一般流露出无奈的心理。比如美国前总统威尔逊在一次演讲中，有一个捣乱分子指着威尔逊高喊着他的演讲是"狗屁！垃圾！臭大粪"等，这时威尔逊并没有为之动怒，而是皮笑肉不笑地安慰这位捣乱的先生："这位先生，请勿急躁，我马上就会提到你提出的环境脏乱差的问题了。"随后观众发出一阵热烈的掌声。可见在这种情况下，对于无理取闹的人或者是意外的事件出现，演讲者就需要这种淡定的皮笑肉不笑。

此外，除了表达快乐，笑还会在其他情况下出现，比如嘲笑、假笑、冷笑、苦笑。这些笑的表现形式和快乐的笑有着较为明显的区别。

嘲笑的时候面部肌肉没有很明显的变化，甚至只是在眼神里可以捕捉到一丝讽刺。这种笑容适合匹配于演讲中批判性的内容。比如耶鲁校长的迎新演讲：如何成为一个批判性的思考者？他在演讲中这样说道：我对那些在你们这样的年轻学子以及整个高等教育界颇有市场的"失实表述"高度警惕。我有满满一架子关于当代社会的书，它们试图让我相信：

顶尖名校的学生不过是优秀的绵羊

文科毕业生毕业就等于失业

真正有想法有勇气的学生都辍学去创业了

没有主见的"千禧一代"需要父母出谋划策

大学教授的争执观点千篇一律

现代的学生都是柔弱的温室花朵

不放弃言论自由就不可能形成开放包容的校园文化

我们高等学府是与现实隔绝的象牙塔

谈到这段内容时，在耶鲁校长的脸上并不能捕捉到明显的肌肉变化，他表情淡淡地读着，但是从他的眼神中看到了一些挖苦、讽刺，以及一些自我反省的成分，他淡淡笑容的背后是一种深深的警示，同时也深切地启迪着台下的每一位听众。

笑的言外之意还有很多。比如假笑时，一般看起来较为虚假，给人一种敷衍的感觉。冷笑时，一般在鼻翼上面会显现出微妙的伸缩扩张，上嘴唇也不会出现明显的上扬。苦笑比较特殊，这种笑容看起来较为勉强，甚至是流露出无可奈何的哀伤和痛苦。

由此可见，在不同演讲的情境下，"笑"，不仅仅是微笑那么简单，它包含很多种，这其中蕴含着强大的信息量，蕴含着不同程度的情感和寓意的表达。所以演说中要会笑，而且不只是微笑。

而要学会笑，就需要掌握上面几种笑的方式，并且要懂得笑背后隐藏的意思，只有这样才能更好地利用微笑来展现魅力。例如特别开心的时候，可以跟台下听众一起大笑，而不是一个人偷偷笑，否则会让气氛显得很尴尬。例如，找台下听众回答问题的时候，要保持微笑，而不是"哼哼"地轻声笑，否则容易让听众认为是嘲笑。

所以，演说者不仅要懂得微笑，更要懂得更多笑的方式，懂得什么场合，表达什么内容的时候，具体运用什么样的笑容。这样才是一个演说者真正的魅力和能力的展现。

第五章 演说的呈现：语言和工具

演说中，如何让自己表达的内容更具吸引力，能够激发听众热情？这就需要演说者懂得语言和工具的力量，既要懂得各种语言表达方式，懂得使用关键词、出彩的词汇等，还需要懂得在适当的时候，用道具来增加吸引力和感染力，让演说能够更加精彩地进行。

推陈出新，换一种表达方式

一个成功的演说，要吸引观众，让观众为之欢呼，一方面需要演说者掌握一定的演说技巧，另一方面也取决于听众对演说内容和形式的关注和兴趣。那么什么样的演说才能吸引听众，激发听众的兴趣呢？无疑需要推陈出新，换一种表达方式，给听众新鲜感。

我们不妨试想一下，在生活中，哪些时候会激发我们的好奇心和兴趣。你常去的奶茶店，推出了一款新品，你一定想尝一下；你喜欢的小说家，出了一本新书，并且不是小说形式，而是个人散文随笔的形式，你一定会购买；你钟爱的一款口红，换了一个限量装，你也很可能会选择囤货。这些都是因为一个"新"字。这就是人的一种喜欢新鲜事物的心理。

在实际生活中，演说活动有很多。我们发现，千篇一律的演说，不仅没有办法吸引听众，甚至会让听众反感。例如，生活中常见的一种电子产品推销活动。刚开始的时候，演说者会派发很多免费的礼物，礼物的档次越来越高，底下听众的呼声就会高涨。这时候演说者就会问"你们想不想拿更多免费的礼物"，底下的听众就会举手，然后演说者就开始推销最终的某款电子产品。

所以，演说者要想吸引你的听众，就需要懂得推陈出新，换一种更新颖的表达方式。但是，在演说中，我们难免会遇到很多约定俗成的事情，这些事情很难通过全新的方式去诠释。但是，越是这样约定俗成的事情，我们越要懂得去创造新的方式，进而打破听众的思维壁垒，让他们为这种新鲜的感觉欢呼。

（1）用独特的角度阐述观点

每个人看待事情的角度都不一样，而正是因为这个不一样让我们变得与众不同。所以说，这种不一样，其实是我们最大的竞争力。但是，很多演说者并没有让这种能力发挥出应有的作用。他们很可能为了迎合大众，而选择最通俗的表达手法，这种表达手法因为过于陈旧，很难吸引听众，并且无法为自己的演说加分。而通过自己独特的角度，去看待问题，并分析问题，显然会有不一样的效果。著名演说者魏志丽在其演说《面对激情》中这样说道：

也不知道大家注意到没有，在今天的演讲台前就有一枚北大的校徽。很多人都说，鲁迅先生设计的校徽，很像一个人的哭脸，但是，在我看来，它却有着一番独特的魅力。大家可以看看，这上下排列的篆体"北大"二字，形成了两个侧立人形和一个正立人像。虽然手足朝下，但却蓄势待发。其实，这也正是北大对每一个学生的要求：学问为人，当沉稳扎实；言谈举止，当朝气蓬勃；根须须深扎大地，枝叶要直插云天；要压得起担子，肩得起责任；要放得开手脚，闯得出天地。

演说者在演说中就是利用自己对北大校徽的独特见解，进行了不拘一格的哲理阐述和生动、形象的剖析，让在场的人对自己熟悉的校徽有了一种新的认识，也让他们对学习有更高的要求。显然，这种独特的表达方式，不仅仅能吸引你的听众，更能让他们通过这种新的方式，得到更多的感悟。

（2）用新的方式重新定义观点

从自身独特的角度阐述观点，可以给听众带来很大的吸引力。但是有些事情，已经是固定的，很难从新的角度给出独特的见解和深度的剖析，那么这个时候，要如何才能推陈出新呢？很简单，既然不能从自己的角度阐述观点，那么就从另一种角度，重新定义你的观点。

我国著名的建筑学家梁思成，曾在一次演说中，因为创新的表达方式，吸引了很多听众。在一次关于古代建筑维修的演说中，梁思成说："因为年龄的关系，我的牙齿都已经掉光了。现在我是一个无'齿'之徒。但是为了吃饭的需要，牙齿还是必须要有的，于是我在美国装上了现在这一副假牙。当时，医生考虑到我已经上了年纪，没有纯白的牙齿，而是做了一副略微有些发黄的，这样看起来就不会那么像假牙了。这样的方法，在建筑学界叫作'修旧如旧'。我们在修理古代建筑的时候，一定要本着'修旧如旧'的原则，切忌把古代建筑修得焕然一新。"

梁思成用自己的牙齿来引出建筑学中修理古代建筑要遵循"修旧如旧"的原则。这样的表达方式不仅幽默诙谐，而且新颖、有吸引力。也许刚开始大家都很纳闷，从古代建筑维修，为什么要说到自己的牙齿呢？这时候大家的兴趣已经被勾起了，大家会保持这种兴趣继续听下去。进而梁思成可以更好地进行演说，生动、形象地表达观点，并且能够让大家对这种观点有深刻的感触和印象。

来听梁思成演说的，全是建筑学的学生或跟建筑学相关的人士，正是因为大家都熟悉建筑学，所以梁思成用了一种新的方式来解读建筑学，而并不直接说古代建筑维修要遵循"修旧如旧"的原则。这样枯燥的表达方式，显然会让对建筑学了解比较深的人失去兴趣，反倒是说一个跟建筑学完全不一样，但却能联系上的东西，会更加吸引他们的注意力，进而提升演说效果。

梁思成用自己的方式，重新定义了古代建筑维修中"修旧如旧"的原则，这其实就是表达创新最好的方式。相比于枯燥无味的物理学定义，这种定义显然更能让听众记得该原则。所以说，推陈出新除了可以用自己独特的角度，去深度剖析该问题，并提出自己的观点，还可以从另外一个角度看待问题，重新定义观点。

事物更迭的速度很快，也许这一刻对人们来说，还有很大的新鲜感，但是下一秒可能新鲜感就荡然无存了。所以，作为演说者要知道，只有新的东西才有吸引力。那么如何面对事物的快速更迭？你要知道，比事物更迭速度更快的，永远是我们的思维。要想吸引你的听众，就要创新自己的思维模式，找到独特的角度，看待问题，定义问题，并解决问题，进而为演说增加更大的魅力。

巧用关键词引导听众

关键词，这个词源于英文单词"keyword"，特指单个媒体在制作使用索引时用到的词汇，是图书馆学中的词汇。现如今，关键词搜索也是网络搜索最主要的方式。例如，很多时候，我们想找一个资料，但是资料的内容比较多，我们只知道其中几个比较关键的词汇。那么，我们就可以将这几个关键词放在网络搜索引擎上去搜索。我们会发现，跟关键词有关的会有很多内容，这些内容都是由一个词引导出来的，可见关键词的引导力非常强。所以说，在演说中，为了激发听众的思维，引导他们更全面地思考，可以在演说中巧妙使用关键词。

演说中可以用关键词引导听众发散自己的思维，深入思考问题。除此之外，也可以通过关键词，明确地知道演说的主题是什么。所以说，在演说中，并非大段的陈述才能让听众明白你在讲什么，反而简洁明了的关键词更具备语言的力量，能引导你的听众。那么，在实际的演说中，要如何才能巧用关键词引导听众呢？

（1）提炼关键词

很多演说家认为，演说就是围绕一个主题，在两个小时内，用自己的话去阐述这个问题。正因为对演说的认识比较浅，导致很多人站在讲台上的时候，会出现表述啰唆、核心不明确等问题。这就是因为演说者只知道表达内容，而不懂得如何提炼关键词。所以说，如果演说者想成为万人迷，用简单的一句话或是一个词来征服你的听众，让他们为你欢呼，那么你就要学会提炼关键词，让你的演说变得更加简练。例如，我们要进行一个"信心"方面的主题演说，那么我们可以锁定关键词"信心"，对其展开具体的表达。还可以通过提问的方式，引导听众思考。如可以问："你们觉得信心有什么样的作用？"

"信心可以帮助我们战胜一切困难。"

"信心会让我们变得更加勇敢。"

"信心只不过是欺骗自己而已。"

……

每个人对信心的认识都不同，而演说者这个时候可以就听众不同的答案进行分析，并将自己的核心观点表达出来，如："信心不一定会让你成功，也不是为了让你欺骗自己，但是如果没有信心，那么你连成功的机会都没有，更谈不上欺骗自己。"这样一来，我们可以确保的是，在演说中，演说者一定不会出现跑题的现象，而且因为通过关键词提问的方式引导听众，也一定会给听众留下深刻的印象。这就是关键词的影响力和魅力所在。

（2）简化关键词

关键词是简洁，而不是简单。例如，我想吃饭，关键词是"吃饭"，如果我们只说一个"想"字，没有人知道你想要什么。所以，演说者要知道的是，关键词不是随便从一句话，或者一段话里面拎出一个词，而是要让拎出的词能够说明这句话的大意，并引导对方思考。

对于演说而言，演说的最开始的关键词就是演说的重点内容。如果你无法将演说的内容用几个简洁的关键词表达出来，那么就说明你对自己表达的内容并不熟悉，或者说你的主题比较混乱。所以，对于演说者而言，要想验证自己对演说内容的熟悉程度，首先要能够在内容中提出几个关键词，并引导自己展开联想。所以说，在演说的时候，巧用关键词，不仅能够引导听众思考，还能引导演说者自己回忆演说内容。

我国著名的出版家邹韬奋先生，在演讲中对关键词的使用十分到位，得到了大家的一致好评。因为邹韬奋先生对鲁迅先生十分的佩服和敬仰，因此他参加了鲁迅先生逝世之后的公祭大会。那天，很多人都走上了演讲台，用自己的声音和语言，表达了对鲁迅先生的敬佩和缅怀之情。大家似乎有说不完的话，表达不完的情愫。邹韬奋先生是最后一个走上演说台的。他说："今天的天色已晚。我有一句话要用来纪念鲁迅先生，在这个时代当中，有许多人都是不战而屈的，而鲁迅先生是战而不屈。"邹韬奋先生话音未落，底下就响起了一片掌声。大家都被邹韬奋这几个字的简短评价而打动了。

邹韬奋整个演说的核心只有一句话："在这个时代当中，有许多人不战而屈，而鲁迅先生战而不屈。"鲁迅先生，这一生的贡献良多，几乎是一天一夜都表达不完的，但是这句话似乎概括了所有对鲁迅先生的敬佩之情。而在这句话中，关键词是"不战而屈"和"战而不屈"，将这两个词进行鲜明的对比，更加突出了鲁迅先生不屈不挠的精神和卓尔不群的光辉形象，并且将这种形象深深地刻印在人们的心中。

（3）强调关键词

在演说中，因为演说者要向听众传递的内容比较多，而且听众的精力是有限的，很难确保两个小时的演说活动中，他们能获取全部的信息。所以，在用关键词的时候，为了让听众知道这是关键的内容，并引导听众思考，演说者就需要强调关键词，让你的听众能够找到演说内容的关键点。

例如，在演说的时候，提到关键词的时候可以升高语调和音量，并重复说这个词。这样的话，听众的吸引力就会转移到这个词上，并会对这个词留下深刻的印象。例如，关于人生梦想的演说主题，关键词一定是"梦想"。那么这个时候，除了重复说几遍这个词，还可以对台下的听众提问，问他们

"梦想"是什么，要如何才能实现你的梦想。这时候，大家都会聚焦到"梦想"这个词上，并且会深入思考这个问题。这时候，关键词的引导作用就凸显出来，演说者可以顺着听众的答案，很快进入演说的主题。

所以说，演说并不是一个人在台上说两个小时的话，而是要说对听众有效的话。任何多余的话，对听众而言是在浪费时间和金钱，对演说者而言也是在做无用功。因此，要想引导听众思考，吸引听众的注意力，我们就需要记住，简洁、有效才是王道。在演说中，不要说多余的废话，而是要懂得提炼关键词，并巧用关键词，引导听众，跟他们分享更具价值的思想。

旁征博引，巧用数据和案例

当今时代，是大数据时代，换句话说，是一个数据说了算的时代。如果仅仅是凭借你的"一面之词"，很少会有人选择相信你，但是如果你有"证据"，能够用数据和案例来说话，那么绝大多数人都会选择相信你，这就是"旁征博引"的力量。无论是在平时的生活中、写作中，还是演说内容的表达中，如果你希望对方能够信任你，那么你就必须要懂得旁征博引，巧用数据和案例，说服你的听众。

所谓"旁征博引"，其实就是指写文章或者说话的时候，为了证明论点可靠而大量引用材料。演说中，演说者的目的就是为了向听众分享思想，传递自己的观点。但是这些人，也许从未见过你，他们要如何才能选择相信你呢？那就需要通过第三方桥梁，即旁征博引，用数据和案例，来获取听众的信任，进而跟听众之间建立充满信任的友好关系，为接下来的演说奠定良好的基础。

虽然，旁征博引是最好的获取听众信任的方式，但是数据和案例的使用如果不得当，也会起到适得其反的作用。所以在引用数据和案例的时候，需要注意以下几点：

（1）将专业的数据通俗化、趣味化

数据本身就是一个枯燥无味的东西，这就是很多人不喜欢数学最大的原因。所以，在演说中，如果想用数据证明自己的观点，那就需要将数据通俗化，或者让数据变得更加有趣，否则冰冷的数据，不仅不会证明你的观点，反而让观众对你的演说失去兴趣。

演说用的是口头语言，而口头语言跟书面语言之间存在很多的差别。数据就是一个很典型的例子，书面上的数据看着似乎还比较好懂，但是当我们用口头表述出数据的时候，很容易让人听着混乱。例如，我们在纸上写一道简单的数学题"1+6-3"，我们可能只需要扫一眼，就知道答案。但是如果有人问我们"1+6-3"，我们无法在一秒钟之内回答别人，我们需要时间去思考，去将口头表达转变成我们容易理解的方式，然后才能计算出答案。这就是对于数据来说，口头表达的不利之处。

所以说，在利用数据的时候，要尽量用大家能理解的方式去表述。否则会给大家增加不必要的麻烦和压力，让听众觉得伤脑筋，听不进你的数据表述，进而无法信任你。

美国著名的演讲大师鲍威尔·希利先生，在美国费城的一次演讲中，就巧妙地运用数据，并达到了非常惊人的效果。

在演说开场的时候，鲍威尔·希利先生说："有一本书，被誉为'世界上最伟大的书'，这本书出版在1982年前，出版当天卖出了1000本，两个星期内销量就突破了15000本。"这个时候，庞大的销售数据已经吸引了听众，很多人为之震惊，想要知道如何才能有这么好的销量。于是鲍威尔·希利继续说："在小说出版后的伦敦，人们彼此之间打招呼的方式都有所改变，他们询问对方'你读过这本书吗？'答案是几乎所有的人都读过，而且这本书还翻译成了多国语言，并且在其他国家也非常畅销。"说到这里，底下的听众都在开始思考，并且似乎已经知道答案了。这时候鲍威尔·希利笑着说："是的，我想你们已经猜到了，这本书就是狄更斯的《圣诞欢歌》。我们今天聚集在这里，正是为了纪念这位'世界上伟大的作家'狄更斯先生。"

我们不妨试想一下，如果鲍威尔·希利直接说，我们今天来这里就是为了纪念伟大的作家狄更斯，那么必然会有人质疑，为何称之为"伟大的作家"。

所以，鲍威尔·希利为了解决听众心中的疑问，用了数据来证明这个称号。但是，如果鲍威尔没有对数据进行任何转化，而是直接说狄更斯的书销售了多少册，有多少人读过，也很难吸引听众，因为数据没有任何的趣味。而鲍威尔巧妙地转化了对数据的表达方式，利用了更通俗、有趣的形式，将数据展示出来，既能证明狄更斯的伟大之处，也能吸引听众，让他们更愿意信任自己的观点。

（2）让案例成为一个动人的故事

前面我们提到，优秀的演说家一定要会讲故事，因为只有故事才具备强大的吸引力。而在旁征博引的时候，我们除了要懂得利用数据之外，更要懂得利用案例来证明自己的观点。很多时候，案例相较于数据来说，会对听众更具吸引力。所以，对于演说者而言，要懂得让自己的案例成为一个动人的故事，打动你的听众，建立信任感。

实际上，案例跟故事具备很多相同点。案例也需要具备故事的要素，如时间、地点、人物，只是相对于故事来说，案例对这些要素的要求没有那么严格。但是如果要想让案例的说服力更强，你就需要将案例说成一个故事。

所以在讲案例的时候，首先要用大家都认可的人物。因为大人物身上发生的事情比较有说服力，但是大人物的案例讲的人多，很可能让听众认为案例太老套，而失去吸引力。因此，在用案例的时候，尽量用新的案例，或者从自己的角度，全新阐述案例。当然，也可以用自己身边的真实案例，但是一定要明确人名，案例发生的时间、地点，事情的起因等，这些因素越明确，案例越真实，否则会让听众认为是胡编乱造，进而失去对你的信任。

在演说的过程中，无论是引用数据或是案例，都必须确保数据和案例的真实来源。因为我们采取旁征博引的目的，就是为了获得听众的信任。如果事后听众查证，发现我们所说的都是没有任何来源和根据的材料，那么演说者等于自己毁了自己的前途。所以，对于演说者，除了要真实表达自己，还要用客观的事实来证明自己的观点，进而让你的听众信任你，愿意听你的演说。

适时抛出几个出彩的词

唐代著名诗人杜甫，在其创作的古诗《江上值水如海势聊短述》中，有一句这样的话：为人性僻耽佳句，语不惊人死不休。这句话的意思是，我的癖性是特别喜欢写诗琢句，如果写不出惊人之语，那就至死也不肯罢休。这句话是杜甫对自己写作的严格要求，而且他的这种严格要求全都体现到了他的诗中，只是简单的几个精彩的词和句子，就能够展现出不一样的气派。因此，作为演说者也应该有这个严格的态度，虽然说不能保证整场演说下来，都能说出精彩的词，但是要懂得在适当的时候，抛出几个精彩的词，让听众为之一振。

演讲是人类较高级、较完善的语言表达形式。相较于普通、平白的语言形式，它更具有煽动性、感染性，它不仅使人知、使人信、使人感动、使人佩服，而且使人为之行动。一般情况下，那些苍白无力、枯燥乏味的演讲语言，只会让人们听起来索然无味。甚至一些演讲者经常出现这样一种现象，话说到一半，或者是语句关键之处出现词穷的现象。所以说，要想打动人心，演说者要懂得适时抛出几个出彩的词，征服你的听众。

反之，那些文质兼美、词汇精妙、生动活泼的演讲语言，则让听众觉得耳目一新、如沐春风、甘之若饴。后者的精妙之处就在于它能使演讲的语言出色、靓丽，更能抓住听众的心。从这种意义上来说，在演讲中使用靓丽出色的语言词汇就显得尤为重要。

那么如何才能获得出色靓丽的语言词汇呢？

（1）借诗词出彩

在演讲中那些诗词歌赋、好诗名句恰到好处的穿引，不仅可以避免演讲中语言的枯燥无味，而且可以使得演讲内容丰满充实，充满书香之气与典雅之美，增强感染力与说服力，给你的演讲加分添彩。例如，某学校老师在以"珍惜幸福"为主题的演讲中这样说道：

幸福是什么？幸福是"临行密密缝，意恐迟迟归"的牵挂，是一种"春种一粒粟，秋收万颗子"的收获；幸福是"但愿人长久，千里共婵娟"的祝愿；是"常记溪亭日暮，沉醉不知归路"的回忆；幸福更是"衣带渐宽终不悔，为伊消得人憔悴"的追求。

这位演讲者通过巧妙地运用名诗，为观众展现了一个个幸福的界定与画面。这种形式的表达，不仅使得演讲中所要表达的内容更加全面、真实、客观，而且充分体现了语言上的妙语连珠，词汇上的生动出彩，展示了自身的文化涵养和智慧，为演讲带来一种美感，极大地增强了演讲的感染力。所以作为演说者，平时可以看一些诗词，以便在演说的时候，能运用这些诗词，展现更强的感染力，增加自身的魅力。

（2）借俗语出彩

俗语是偏于大众化的语言，是指老百姓在日常生活中常用的一些约定俗成的通俗口语，包括谚语、俚语、歇后语等。俗语一般凭通俗易懂、生动形象的特色，为大众所喜爱。而且相对于诗词来说，俗语被流传的范围可能更广，更有亲和力，甚至被人们称为"语言之花"。所以说，如果演说者能够在演说中巧妙地利用俗语词汇，不但可以将演说内容生动地表达出来，增强演说效果，而且还可以让演讲者的语言显示出与众不同的特色，吸引听众，拉近跟听众之间的距离。例如，某演说者在会议上这样说道：

朋友们、同志们，我天生就是个"二杆子脾气"，说话、办事都是"巷子里扛木头，直来直去"，从来不搞弯弯绕。我到这里担任国税局长，一不图官，二不图钱，就图个痛痛快快干事。初来乍到，"新官上任三把火"，但要踢好头三脚，请各位给点面子，多多支持配合。大家放心，不该收的钱，我们一个角币也不收，该纳的税，我们一个子儿也不能少，这是原则。尽管这事情火烧眉毛了，但我可以给大家一周的时间准备。下周的这个时候，我希望可以看到一个皆大欢喜的结果。

在这段表达中，演说者运用了很多俗语，如"二杆子脾气""新官上任三把火"等，这些俗语能够生动、形象地说明演说者要表达的内容，还能让语言表达更新颖且具有亲和力，让听众能很明确听懂演说者表达的意思。所以说，演说者学会运用俗语，不仅能让表达的内容通俗易懂、简单明了，而且带有一种亲切感，给人一种打开天窗说亮话的感觉，能够营造一种轻松自然的交流气氛，巧妙地缩短与听众之间的心理距离。同时，还能充分调动起听众的积极性，进而取得更好的演说效果。

（3）借新词出彩

文化需要推陈出新，演讲也是如此。根据调查研究显示，人们本质上都是喜新厌旧的动物。喜新厌旧，可以说是一个人的本能，人的占有欲和新鲜感往往会被新奇的事物和观点所吸引。因此演讲中最忌讳的就是使用陈词滥调、千篇一律的语言词汇。

某个演说者在做销售演讲的时候这样说道：销售就是不断地说话，不断地挑战。记住坚持就是胜利，我们不怕失败，因为不经风雨，怎见彩虹？我们要心怀希望，相信自己，不要被困难打倒。因为你，就是下一个成功者！结果演说者在台上洋洋洒洒、口干舌燥地说了大半天，观众没有明显的反应，更没有产生显著效果。

可见这种老套的、鸡汤式的演讲，大家早已司空见惯，根本提不起兴趣。

所以演说者在演说中可以适当使用一些网络词汇。

在 2016 年央视春晚上，冯巩搭档徐帆表现了一个小品《快乐老爸》，冯巩在里面就运用了很多网络语言，如"主要看气质""明明可以靠脸吃饭，却偏偏要靠才华"。这些语言运用到春晚这种人们认为很严肃的节目中，反而给人一种新颖又惊喜的感觉，拉近了与观众的距离，让不少不看春晚的 90 后，也关注了这个小品。

这就是新词的魅力。但是切记，网络词汇的运用一定要恰当，强行灌入网络词汇或新鲜词汇很容易让听众反感，是一件吃力不讨好的事情。

所以，作为一个演讲者应该具备言人所未言的勇气，应该与时俱进，进行词汇语言创新，不断"激发"新颖词汇和新鲜观点。即便做不到"字字珠玑、篇篇华章"，也不能人云亦云，套话反复。眼下是一个个性张扬的时代，时代提倡我们创新，作为演讲者应该具备自身特色，个性鲜明、生动活泼。这样新意盎然的演说才能让听众广为接受，才能引起听众心灵和情感上的共鸣。

修辞手法要信手拈来

为什么有的人一开口就能吸引别人？为什么有的人一说话就让人想睡觉？为什么有的人的演说会让听众热情高涨，而有的人的演说却被认为是陈词滥调？这就是因为，大多数演说者采取的修辞手法是平铺直叙，没有任何感情，而没有感情的表达方式，显然很难激发其听众的热情和兴趣。所以对于演说者而言，还要掌握一定的修辞手法，而且要做到在表达的时候能够对修辞手法信手拈来。

修辞手法，是为了提高表达效果，用于各种文章或应用文的写作的语言表达方式的集合。我国著名作家鲁迅先生在《书信集·致李桦》中写道："正如作文的人，因为不能修辞，于是也就不能达意。"在写作中，我们知道善于利用修辞手法不仅能够更好地表达意思，而且会让整个句子看上去更有吸引力，甚至会因为修辞手法的精准，而成为举世闻名的佳句。当然，演说不同于写作，演说者不用修辞手法不一定不能表达意思。但是如果能懂得利用修辞手法，会给自己的演说增加更大的魅力和吸引力，会让演说更具感染力。

修辞手法一共分为六十三类、七十八小类，例如借代、双关、反复、对偶、设问、反问等。虽然修辞手法比较多，但是常见的人们比较熟悉的并不多。所以，演说者不需要将所有的修辞手法都掌握，只需要掌握其中比较常见的修辞手法即可。下面来介绍常用的几种。

（1）比喻

比喻应该是小学时候，刚学习写作文时用得最多的修辞手法，如"月亮像一个大大的月饼挂在天空中"。这种形象的比喻，可以增强语言的表达能力和感染力。而这种修辞手法运用到演说中，不仅能给听众更新颖的感觉，吸引听众的注意力，还能够有助于观众理解你表达的意思。

美国著名政治家林肯曾在自己的演说上说："一幢裂开的房子是站立不住的。我相信这个政府不能永远保持半奴隶半自由的状态。我不期望联邦解散，我不期望房子崩塌，但是我的确希望它停止分裂。"

在这句话中，林肯将国家比喻成房子，国家分裂的结果就是房子会崩塌。这个时候，听众就能意识到国家分裂的危害性，而这正是林肯想表达的观点。通过这种修辞手法表达出来，会给人更深刻的印象，并且还让人们换个角度思考问题，看待问题。

（2）对偶

对偶，也被称为对子，是指用两个结构相同、字数相等、意义相对称的词组或句子来表达相似或者相反的情感。在演说中，很多比较优秀的演说家为了激发听众的热情，经常会采取这种修辞手法。例如，下面这种表达：

我们每个人的人生道路都是不平坦的，我们每个人的人生道路都布满了荆棘！当我们遇到这些阻挡的时候，我们要怎么样！（坚持到底）在我们的人生中，只有一条路不能选择，那就是放弃的路，只有一条路不能拒绝，那就是成功之路。

这种句子不仅朗朗上口，便于记忆和传播，而且听起来比较有力量，能够激发听众的热情，让他们更愿意加入演说者的行列。

（3）夸张

夸张，是指言过其实，对客观的事、物和人进行艺术上的扩大或缩小的描述，目的是为了让描述的东西更突出，更能吸引听众。例：某个人说，听了一场演讲，全程下来眼睛都没眨过。

"眼睛都没有眨过"，这其实是一种不可能的事情，表达的方式比较夸张，但是并不会给听的人造成虚假和反感的感觉，因为我们不会问"真的没有眨眼睛吗"，而是比较关心"真的有这么精彩吗"。这就是夸张修辞手法的作用。当然，采取夸张修辞手法的时候，要根据事实情况而定，不要太过，否则会让别人认为你传递的信息太虚假。

（4）排比

排比也是一种常用的修辞手法，是指把一种结构相同或者类似、意思密切相关、语气一致的词语或句子成串地排列的一种修辞手法，达到加强语气的效果。美国第44任总统奥巴马在演说的时候就喜欢采取排比句来增强语气。例如，他在2008年参加大选时的演说：

当时，妇女的声音被压制，她们的希望被驳回，可她活着看到她们站起来，发出自己的声音，并且投下自己的票。是，我们能够做到。

当饥饿来到、衰退发生时，她看到了这个国家是如何以新政、新工作和全新的共同目标来战胜恐惧的。是，我们能够做到。

当炸弹落到我们的港口、独裁者威胁世界的时候，她亲眼见证了一代人的崛起和民主得以挽救。是，我们能够做到。

她去蒙哥马利搭乘公共汽车，她去伯明翰面对水龙头，她去塞尔玛占桥……她听来自亚特兰大的牧师告诉大家："我们能打破种族障碍。"是，我们能够做到！

演说中的这段内容，几乎全部采取的是排比句的方式，一连串的排比句，气势磅礴，十分振奋人心。所以，在演说中，为了增强语气，可以采取排比这种修辞手法。这种磅礴的语气，既能鼓舞人心，还能使你的论述更加深刻。但是运用排比句要注意，不能太过生硬，为了组成排比句而拼凑，这样只会起到相反的效果。此外，还需要注意的是，排比句之间的逻辑关系是层层递进的，如果不能遵循这个原则，效果也会适得其反。

（5）对比

对比，是将两种不同事物或者同一个事物不同的方面进行比较。在演说中，如果采取对比的方法，能够让人们更加深刻认识到演说者的观点，并且能够深刻揭示事物的本质。

例如，关于健康的演说。为了表达运动使人健康的观点，演说者可以将坚持运动的人跟长期不运动的人之间进行对比。对比的结果会显示，运动的人更健康。而这种对比，会形成强烈的反差，无疑会让听众更加深刻地认识到运动与健康的关系和重要性。

（6）设问和反问

设问是指自问自答，能够通过这种自我提问、自我回答的方式，强调自己的观点。我国著名文学家闻一多先生，在其《最后一次讲演》中就运用了这种修辞手法.

这几天，大家晓得，在昆明出现了历史上最卑劣最无耻的事情！李先生究竟犯了什么罪，竟遭此毒手？他只不过用笔写写文章，用嘴说说话，而他所写的，所说的，都无非是一个没有失掉良心的中国人的话！

闻一多用一个反问句，引发了听众的思考和关注，进而自己给出了合理的答案。这样不仅能够引导听众思考，而且很自然地将自己的观点表达出来。而反问，则是用疑问的语气表达自己确定的内容，目的是加强语气，更好地抒发自己的情感，强调自己要表达的观点，同时引导对方深入思考。例如：难道你觉得长期不做运动不会影响自己的健康吗？

所以，在演讲过程中需要调动听众气氛的时候，需要增强语气、抒发情感的时候，使用修辞手法是最好的方法。当然，演说者需要注意的是，要根据合适的内容和情感，选择合适的修辞手法。这样才能够使我们的演讲锦上添花。

学会使用演说道具

演戏使用道具，讲课使用道具，演说也是如此。那么，何为演说道具？演说道具是指任何可以用来配合讲话的道具，如图表、图片、幻灯片、实物模型及自带的辅助工具等。其目的是为了帮助听众更好地了解演说的内容。

当下社会是一个视觉的时代，随着电视、电影、电脑等画面性产物日新月异的发展，我们可以更加直观、清晰地捕捉、理解事物。据统计，一般人只记得住他们所听到信息量的 10%、他们所看到信息量的 20%，但是却能记得住他们同时看到又听到的信息量的 50%。可见，使用道具会使得演讲更为有效。

所以说，在演讲中如果能够利用演说工具，会起到很好的视觉效果，一定会更加吸引你的听众，让他们能够更加聚精会神听你的演说。道具的使用不仅可以带给听众生动的情境画面，给听众带来一种身临其境的享受，也可以增强演讲的感染效果。作为演讲者，如果你在描述一个物体时，可以把这个物体或者是跟这个物体相像的东西展示在观众面前，那么你的描述一定会形象清晰得多。

此外，在演讲中使用道具还有一个好处是，能够吸引关注。可视图像可以刺激人的视觉神经，激发人的兴趣。观众一旦产生兴趣，就会专注认真地聆听演讲。因此，我们经常可以看到社会各个行业、各个领域普遍都在会议或是演讲上大量使用道具，如表格、图片、网页展示、幻灯片展示等各种道具层出不穷，而且随着科技的发展，演说工具也越来越智能。这种智能化不仅提高了演说者的演说效率，也能够用高科技吸引听众的注意力。此外，这种智能化的工具，也改变了从前枯燥无味的纯文字或者纯语言的表达，使得文字教材变得更加生动有趣、易于理解，表达方式更加多样化、形象化，从而帮助读者更加准确地理解文字和表达内容。所以说，使用演说工具是一件一举多得的事情。

那么如何使用演讲道具？大多数人都知道在演讲中使用道具会有画龙点睛的作用，如何运用却鲜有人知。下面就这方面来谈谈。

（1）根据演说场地的具体情况选择道具

在演讲之前，演讲者需要考虑到演讲场地、演讲时间、演讲情节等。对于时间较长的演讲，可以适当地使用道具来辅助演讲。对于时间较短的演讲则应当避免使用费时、复杂的道具。这种情况下，演讲者就需要认真考虑使用道具的必要性，可运用的道具设备，以及时间的预算。

2013 年 12 月，"总理专业户"刘劲被中央电视台《开讲啦》邀请去做一篇演讲。为了阐述当日的主题《用一辈子做好一件事》，他在演讲的开头就放了一段动画片。

动画片里有一只小熊排在队伍的最后面，当它看到另外一边人少就跑到那一边。可是刚换完队伍，又发现原来那个队伍人少。于是它又换回去。就这样来回奔波着，结果其他的人都排到队了，唯独它没有排到。

等到动画片放完了，演讲开始进入了正题。

大家好，我是演员刘劲，今天到了《开讲啦》这个舞台，先给大家看的是一个动画片。我想我们很多人在生活中排队时都会遇到过这种情景，并且我们很多人还在扮演着其中那只小熊的角色。我们站在路的这一头，看见一个路口，就想到那个路的尽头，肯定有美丽的风景。于是我们就这样走下去了，走啊走，这边又出现了一个岔路口。于是乎，我们又往那儿走，就这样反反复复地犹豫彷徨。

在本次讲演中，刘劲为了说好自己的主题《用一辈子做好一件事》，就应用了这个短动画片。通过动画片，一下子就帮助听众理清了思路，从而更好地传达道理、观点。

（2）根据演说主题灵活运用道具

其次，道具的使用千变万化，关键在于四个字：适合、灵活。适合，即适合演讲对象、观点、主题、场合、环境、背景等。

著名教授李燕杰在一次演讲开始的时候，用两个手指夹了一枚钱币，高高举起，这时，观众的目光都被他吸引了过来。然后，他开始问道："在场的诸位，有没有在街上捡过这样的钱币？"顿时台下的听众出现了明显的反应，瞬间提起了观众的积极性。接着，他开始讲述他的意见。

由此可见，使用合适的实物道具展现给观众看，是引起听众注意的最佳方法。但是使用道具并不是演说的根本目的，而是手段。作为演讲者不应该为用而用，而是要为演讲的需要、服务演讲的主题而用。因此，演说者不只是要学会用道具，而且要学会灵活地运用道具。灵活，是指道具多样，方式多样，要有灵活的变化。在演说中，同样的内容可以使用不同的道具，同样的道具也可以用在不同的内容上。

总之，演讲内容要与道具进行完美的配合。演说者要知道，道具只是一个辅助性的工具，演说中核心是你自己，是你要表达的内容，不能喧宾夺主。所以说，在选用演说道具前，演说者要充分了解自己演说的内容，熟悉演说场地，并根据具体内容，来搭配合适的演说工具，将演说的内容更精彩地呈现给听众。

创造"欢呼时刻"

情绪刺激是一种非常强烈的外部刺激，也就是说，如果在演说中能够通过一些手段，正面刺激到听众的情绪，让他们为之欢呼，那么你的演说可以更顺利地进行下去。所以说，一个真正的演说家，一定是一个懂得创造"欢呼时刻"的人。

美国著名的企业家比尔·盖茨在 2009 年的 TED 演讲中，为了证明蚊子比任何动物都可怕，他打开了一个装满蚊子的盖子，并对底下的听众说："疟疾是通过蚊子传播的，我带了一些过来，让它们在这里也飞一下，没有理由只让穷人被传染。"当时底下的听众开始慌了，现场一片叫声。盖茨等了一分钟后，才告诉听众，他放出来的蚊子是不带疟疾的。

盖茨利用这种方式引起了听众的"欢呼"，也瞬间吸引了听众的注意力，很形象地表达出了自己的观点。这种形式，必然会给听众留下深刻的印象，因为他们的情绪受到了刺激。虽然盖茨的这种做法有些人不赞同，但是不可否认的是取得了很好的效果。所以说，演说，对于演说家而言，不是把自己的内容表达完，而是要懂得创造"欢呼时刻"，刺激听众的情绪，让他们记住你，记住你表达的观点。

其实，每一场精彩的演讲的背后，都是演讲者长期的沉淀与积累。这其中包括知识、阅历、思想、思考等在特定时间、特定环境下的"井喷"，最大限度地激发、说服、鼓励和感召听众。演说家要想让观众产生共振，达到同气相求、同声相应的效果，就需要演讲者善于创造欢呼时刻，点燃观众热情。

（1）释放热情

科学研究表明，热情确实是有感染力的。作为一个演讲者，想要感染、征服观众就需要这种热情。热情可以使人成为主宰者。法国哲学家丹尼斯·狄德罗说："唯有热情，才能激励人们成就大事。"有史以来，成功的领导者都知道巨大的热情可以提升人的灵魂，激发人的活力。甚至在很多企业中，领导把热情作为雇佣员工的一项标准。

此外，热情是活力和希望的象征，有热情的人，似乎对未来更充满希望，并且相较于没有热情的人来说，会更容易取得成功。热情，对于演说者来说，是必不可少的。缺乏热情的演说者，给人的感觉就是有气无力，即便他表达的思想有价值，听众也未必能听进去，甚至会对他表达的内容持有怀疑的态度。因为一个演说者没有热情，说明他对自己的演说，对自己要表达的内容没有信心，一个对自己都没有信心的人，怎么能赢得听众的信任呢？

某商学院的教授们进行了四项独立研究，有数百人参与其中，研究的目的是为了测试领袖气质、积极情感和"情绪感染"。研究人员发现，"领袖气质较为突出的人，往往在书面和口头交流上表现出更积极的情感。"这其中积极的情感包括热情、激情、兴奋、乐观。他们还发现积极的情感具有传染性。

由此可见，如果演讲者是积极向上、充满热情的，无论是置身现场还是观看演讲视频的观众，都会相应变得很积极。反之，一位疲倦的、精神涣散的、缺乏热情的、心不在焉的演讲者就很难带动观众的热情与欢呼。因为他的演讲是索然无味、毫无吸引力的。

（2）激发共鸣

一场演讲的成功与否，很大程度上取决于抓住了多少听众的内心需求。通常情况下，一场扣人心弦的演讲，更能感染观众、获得成功。

2004 年 7 月 27 日，奥巴马在民主党全国代表大会上的演说也是因为激发了全场观众的共鸣，迎合了观众们的心理需求，使得演讲振奋人心，全场欢呼。奥巴马在大会上这样说道：

我是同胞弟兄的守护人，我是同胞姐妹的守护人……今晚，如果你同我感到一样的急迫感，感到同样的热情，感到一样的希望，如果我们都能行动起来，那么我毫不怀疑，全国上下，从佛罗里达到俄勒冈，从华盛顿到缅因州，人民将会在 11 月积极地行动起来，而国家也会重整旗鼓，走出政治暗夜，迎接美好的明天！谢谢大家，上帝保佑。

演讲结束后，在场的观众全体欢呼鼓掌。甚至很多人热泪盈眶，激动万分。

奥巴马通过振奋人心的演讲充分激发了全场观众的强烈共鸣，抓住了观众内心的需求，因此获得了全场观众的热烈欢呼与支持，从而赢得了成功。

（3）引发互动

互动是与观众建立联系最直接的方式。每个观众都有被认同、被重视的心理需求。互动就是满足观众存在感和被重视感的最佳方式。作为演讲者我们可以通过动作手势制造悬念，引起观众情绪性的互动，还可以通过共做游戏，激发兴趣，引起听众模仿式的互动。

有位演讲者一上台就问："朋友们，一起来做个游戏好不好？"听众立刻兴趣陡增。紧接着他开始指导听众操作："请将左右手腕到手掌边缘的横纹相叠对齐，然后左右手掌重合，再看右手比左手的中指是否要长一点点？"他指导完听众操作，自己又做示范，形成模仿式的互动。结果大家果然发现右手比左手的中指较长一些，这更加激发起听众的好奇心。演讲者又说："刚才这个游戏是一位所谓大气功师的表演。他先装模作样地向听众进行发气，然后再指导观众做刚才的游戏。结果人人都发现自己的右手指长了一点。气功师说这是他发气的结果，大家深信不疑。我当时也被愚弄了。不过朋友们，我可没有要愚弄大家的意思啊！"观众听完之后哈哈大笑。这时候，演讲者开始进入正题："我今天演讲的题目是《相信科学，不受愚弄》。"

演讲者以共同游戏的方式和听众形成互动，既激活了现场的气氛，又巧妙地增强了听众的参与意识，吸引了观众的关注力，紧接着自然而然地切入主题，让听众继续保留热情和好奇。可见这种在演讲开头引发互动，"创造欢呼"的效果非常好。所以，在演说中，要想创造欢呼时刻，演说者就要保持热情，并要实时跟你的听众互动。

第六章　演说的控场：互动与应变

　　演说是一场没有彩排的舞台表演，很多时候会有一些意想不到的事情发生，如忘词、冷场等。所以，对于演说者来说，站在舞台上，要做的不只是要将自己演说的内容表达完，还需要懂得如何跟听众互动，并且在遇到意外情况的时候，要懂得临场应变，否则演说很可能无法顺利进行。

和听众互动，引爆现场

人们常说生命在于运动，企业家常说资金在于流动，而演说家则认为，演说能否成功，要看演说者是否能跟听众互动，引爆全场。

在一场演说中，如果演说者全程跟听众之间没有任何互动，将很难跟听众之间建立信任关系，进而会严重影响演说的效果。但是，很多演说者并没有意识到这一点。在他们看来，演说的核心人物是自己，真正要传递信息和内容的是自己，听众只需要听就行，如果与听众互动，只会浪费自己的时间，影响自己演说的节奏。但是实际上，他们不知道的是，演说的核心其实并非演说者，而是你的听众，演说者说什么不重要，听众要听什么才是最重要的。所以，为了能够满足听众的需求，调动现场的气氛，演说者要做的就是更好地跟你的听众互动起来，使得舞台气氛更加活跃。

但是互动不是简单地跟听众打招呼或者是问听众几个简单的问题，引爆现场的互动模式，应该是良性循环的，形成一个互动圈，让听众能够完全融入其中。演说者可以遵循的循环模式是：演说者演说——听众提问——演说者回答问题——演说者提问——听众回答问题——演说者演说——听众再提出问题——演说者回答问题——演说者提问——听众回答——互动环节结束。

一般情况下，演说者可以采取以上的模式进行循环互动。这样不仅能调动现场气氛，还能够解答听众的疑问，让演说者表达的观点更加深刻，更容易让听众理解并记住。在互动环节中，为了能够更好地拉近跟听众之间的距离，引爆全场，演说者需要注意以下几点：

（1）让听众离你更近

在演说中，我们不难发现，即便演说者讲得再精彩，也会有人在底下交头接耳，或者昏昏欲睡。当然，演说者没有权利要求每一个人必须认真听自己的演说，因为你不是课堂上的老师，如果你特意点名，只会让听众反感。但是，如果置之不理的话，这些人又会影响到旁边的听众，进而影响到自己的演说效率。那么要如何做才能委婉地让这些人听自己的演说呢？

演说者可以加大自己的声音，重点强调关键内容。这个时候，大部分人都会集中注意，演说者就可以用眼神跟不认真听演说的听众进行眼神的交流，并对他们微笑。这种无声的互动，会让听众为刚才不认真的表现不好意思，进而会安静下来，认真听演说。

（2）让听众举手回答问题

演说者提问的目的，是为了强调演说的核心内容，跟听众进行互动，调动现场气氛。所以说，提问不是随便提，而是需要根据演说的主题提出相关的问题，并让听众举手回答问题。有人认为，听众不是学校的学生，举手回答问题，未免会觉得有些尴尬。但是，实际上，并不是这样，举手回答问题，能够激发听众的热情。但是，让听众举手回答问题，的确并不是一件容易的事情。因为中国人有一种"枪打出头鸟"的思想，他们习惯选择观望别人，然后再决定自己是否出头。

那么要想让他们"出头"，最好的方式就是演说者自己将手举起来。这时候，底下听众都会聚焦到演说者的这只手上，就不会再去看其他人是不是举手回答问题，进而会很自然地配合演说者回答问题。所以说，演说者在互动环节，要提出有效的问题，并引导听众举手回答问题，与听众友好互动，让他们能够更快进入状态。

（3）让听众帮你说话

互动的方式，除了提问，还可以让听众帮你说话，这也是一种能够引爆全场的方式。去听过演唱会的应该都知道，很多歌手在跟歌迷互动的时候，最常采用的方式就是，自己唱前面的部分，然后让听众一起唱副歌部分。副歌部分基本是歌迷都会唱的，当全场一起唱的时候，无疑会引爆整个演唱会。所以，同样站在舞台上的演说者，也可以利用这种形式跟听众互动。但是有人会说，演说不像演唱会，演唱会每首歌基本上歌迷都会，但是演说者要表达的内容听众并不知道。但是，这并不要紧，那就说听众知道的。

例如，关于演说口才的主题演讲，演说者说："很多人口才不好是因为不敢说，怕出丑，其实这都是受中国传统文化的影响。中国有句话怎么说的来着，'枪打（让听众回答）''言多（让听众回答）'。"相信大多数人都是听过这句话的，即便不知道的，他们会因为想知道答案而认真去听。这样就能更好地让听众参与进来，进行很好的互动。但是切记，提出的问题一定要是大多数人都熟悉的，否则没有人能够接下去，场面就会很尴尬，互动就无法进行下去。

（4）让听众成为你的亲友团

很多演说者为了能够取得听众的信任，会一味地迎合听众的需求。但是每一个听众都有自己的思维和想法，再伟大的演说家也不可能满足所有人的需求。所以说，演说者不要一味迎合听众，而是应该用自己真诚的态度，去跟听众互动，让听众成为你的亲友团。

中央电视台的著名主持人白岩松，在跟听众互动的时候，就特别真诚，把听众当成自己的朋友。无论是听众的提问还是简单的交流，他都表现得非常友好。有一次，白岩松在国内一所大学做演讲。当时是冬天，天气十分寒冷。但是对于同学而言，能够见到著名的主持人白岩松，对他们来说是一个千载难逢的机会，再冷也要去。当时教室里是座无虚席，很多同学只能在门外。

白岩松走上台的时候，微笑着跟学生们说："今天的天气真冷啊。过道里会不会更冷，为了不让你们感冒，我想到一个办法，这个讲台上只有我一个人，你们都可以上台来，这样我们就能够都不感冒了，大学生应该是不拘泥于形式的。"白岩松的话音刚落，教室内外都响起了掌声，同学们都特别感动，欢呼声响成一片。过道里的大学生都坐到了讲台边上，白岩松接着说："接下来，开始我们的演说吧。"

白岩松的这场演说很好地跟学生进行了互动，拉近了彼此之间的距离。此刻的白岩松对于这群学生来说，不像离自己很远的著名央视主持人，更像邻家学长。对于白岩松而言，他也并没有把这些学生当成听众，而是把他们当成了朋友。所以，这次演说，更像是一个亲友团活动，现场的气氛十分融洽，演说十分顺利。

对于演说者而言，无论采取什么样的形式跟听众互动，前提一定是要保持真诚。其次，要确保提出的问题，是跟演说主题相关的，能够将听众很快带入主题中，然后要确保回答听众问题的时候，要有理有据，不可胡编乱造。在演说中，互动环节，是拉近与听众距离，获得听众信任最好的方式，所以演说者一定要重视。

读懂听众情绪，控制互动氛围

在演说中，最容易被人们记住的演说者无疑是那些能够读懂听众情绪，懂得调动听众情绪的人。在生活中，很多人认为，最难控制的就是自己的情绪，最难被人理解的也是自己的情绪。所以，很多人渴望自己的情绪能被别人读懂。例如，考试考得不好，很难过，希望得到爸妈的安慰和理解；失恋了很痛苦，希望朋友能够陪伴自己；离职了，对自己很失望，希望爱人能鼓励自己等。这些情绪很多时候会表现出来，很多时候也会隐藏，而要懂一个人，就需要读懂他的情绪。作为演说者来说，为了满足听众的需求，控制互动的氛围，就一定要读懂听众的情绪。

对于演说者来说，要想读懂听众的情绪，就需要觉察情绪，即要时刻留意听众的反应。具体来说就是，如果互动过程中，发现有人对这种互动表现出不耐烦或者厌倦的情绪，那么我们就应该立刻停止这种互动，并及时调整气氛，换其他的互动方式。如果听众对互动形式很满意，气氛高涨的话，那就要继续保持这种互动氛围，并在互动中传递演说的核心观点。实际上，能否读懂听众的情绪，控制互动氛围，很大程度上决定了演说是否成功。

（1）从听众的反应觉察情绪

一个真正的演说者，不仅是要懂得觉察自己的情绪，控制自己的情绪，更要从听众的反应中，读懂听众情绪的变化，进而觉察听众的情绪，然后针对听众情绪的变化，对互动活动做出相应的调整。简单来说，你要让听众感知到"你的喜怒哀乐，我都看在眼里"。这种觉察听众情绪的能力就是共情。

无论对方的情绪是开心还是难过，只要你觉察到了，并为他们做出改变，以此来调整他们的情绪，那么他们就很容易跟你产生情感共鸣，进而愿意配合你，跟你进行良好的互动。

心理学家认为，要想保持这种共情能力，就需要时刻关注别人的行为和表情变化，进而觉察他们内心的情绪变化。例如，演说进行到一半时，底下听众开始哈欠连天，甚至已经有人开始不耐烦，交头接耳。这个时候演说的气氛已经很低沉，如果演说者继续进行下去，或者只是通过简单的提问来跟听众互动，则很有可能无法继续进行下去。因此，当演说者觉察到这种情绪变化时，就要采取互动形式，帮助听众调整情绪，让他们以更好的状态进入演说中。

（2）读懂听众的情绪，满足需求

每个人的情绪背后都隐藏着某种需求。例如：考试失败，很难过，希望得到家长的安慰和鼓励；因为没有按时完成工作任务而焦虑，希望领导能够再宽限自己两天的时间。所以，对于演说者而言，要想控制互动氛围，不仅仅是要觉察情绪，还需要从觉察的情绪中，读懂他们的情绪，挖掘他们情绪背后的真正需求。

我国著名作家、文学家老舍先生，在演说中，特别喜欢观察听众的反应和情绪变化，并懂得从这些情绪的变化中，看出听众的需求，进而满足需求，让互动更好地进行。有一次，老舍先生在一所大学做演讲活动。演说活动结束后，就是老舍先生跟学生之间的互动环节。在该环节中，学生可以向老舍先生提问，老舍先生对每一个学生提出的问题，都进行了认真的回答。

但是，问题回答了没多久就到了学生的午饭时间，但是还是有很多问题没有回答完。而这个时候，老舍先生看到很多学生已经感到有些疲惫，提问的热情也慢慢消退。于是，老舍先生笑着说："我知道大家还有很多问题想问我，我也非常想回答你们的问题。但是，我发现，时间已经不多了。我现在就回答大家最后一个问题：'接下来我们需要做什么？'我的答案是'吃饭'。"

老舍先生说完这句话后，全场的师生都哈哈大笑。原本消退的热情，在最后的互动中又开始高涨。大家高兴地站起来为老舍先生鼓掌。

老舍先生在演说最后跟学生们互动的这句话，不仅展现了老舍先生的临场应变能力，更体现了老舍先生的智慧和幽默。而这几点，都是作为一个成功的演说家必备的能力。我们不妨设想一下，如果老舍先生继续让大家提问，继续回答问题，那么这些老师和学生碍于情面，不得不提出问题让老舍回答。这个时候提出的问题未必是发自内心的，而且很容易让大家产生厌烦的情绪，进而会影响演说效果，甚至会降低老舍在他们心目中的伟大形象。所以，老舍觉察到学生们的情绪变化，满足了他们情绪背后隐藏的需求，控制了互动的氛围，因此赢得了大家的掌声。

所以说，在互动环节中，要想控制互动氛围，不是简单地提问、玩游戏就可以，还需要演说者学会时刻关注听众的反应，觉察听众情绪的变化，读懂情绪背后隐藏的需求。但是，很多演说者对这一点的认识并不够。他们认为，互动就是简单的提问或者玩个小游戏，一旦大家开始参与了，就认为一切都在自己的掌握中。但是演说是一个持续时间比较长的活动，不是简单的一句话。在这个时间段中，听众的情绪会有很大的变化。所以说，如果演说者没有觉察出听众的情绪的变化，并做出相应的调整，很可能演说结束，听众都不知道你在讲什么。

因此，作为演说者，在演说中，要想加强自己的控场能力，就必须要懂得读懂听众的情绪，能够控制互动的氛围。而这就要求演说者要细心观察听众的反应，从这些反应中觉察出他们的情绪变化和需求。记住是从头到尾觉察，如果只注重开头，而忽视结尾，也有可能导致演说失败。

学会用目光和动作控场

美国著名演讲家爱默生曾经说："人会用眼睛说话时，其优点几乎与舌头完全一样。眼睛的语言完全无须借助字典，全世界都能理解这种语言。"这种语言，就是我们所说的目光。作为一种态势语言，目光能够表达很多含义。演说者跟听众之间的交流，除了语言，更为关键的就是目光。很多时候，用目光传递自己的情感，比语言的感染力和效果更好。除了目光外，还有动作语言。动作语言，也是一种态势语言，用动作来配合语言，能够让语言更生动，更具有感染力，能更好地调动演说的气氛，进而让演说者掌控演说现场。

（1）用目光展示风采，调控现场

语言可以骗人，但是目光永远无法骗人。一个演说者，站在舞台上，能不能掌控现场，就看他的目光是否坚定，是否对自己充满自信。而这些都能够通过目光的交流传递给听众，如果听众看不到你的自信和坚定，你的演说注定会失败。

在一场演说活动中，一名演说者上台之前十分紧张。但是为了给听众呈现一场精彩的演说，她在上台前调整了自己的情绪，稳步地走向了演说台。站在舞台上的时候，她微笑着面向听众，并放眼全场，坚定而自信地说："作为一个女人，在生活中要扮演多重角色，但我认为检察官这个角色最重要，我要用柔弱的双肩撑起检察事业的'半边天'，用忠诚书写检察官的风采。我清楚大檐帽上的国徽、双肩上国旗那沉甸甸的分量，这将是值得我一辈子为之献身的崇高事业……"

开场白结束后，底下的听众响起热烈的掌声。这个掌声并不是因为演说内容的精彩，而是听众通过演说者坚毅的目光，看到了一个女人的伟大。这就是目光所展示的风采，远远超过语言的魅力。

但是，对于演说者来说，通过目光展示自己的光彩还是远远不够的，还需要懂得用目光调控现场。在演说现场，因为听众的素质和心态参差不齐，所以很容易出现一些意外的情况。例如，相互之间交头接耳，频繁上厕所、玩手机等。这些都是正常现象。但是出现这种现象，一定是因为演说中演说者与听众的互动存在一定的障碍。如果任由这种现象发展，置之不理，很容易导致演说失败。但是，如果采取呵斥或指责的办法也是行不通的，很容易激化矛盾，产生冲突。这时候，选择用目光说话，是非常有效而且稳妥的办法。

某大学召开了新生座谈会，学生需要——进行自我介绍。其中，一名来自农村的叫牛敏的学生自我介绍说："大家好，我姓牛，叫牛敏，来自农村。"底下有一名同学小声嘀咕道："乡下小牛进城喝咖啡了。"班上很多同学都开始哈哈大笑，大家都觉得这时候牛敏同学一定很尴尬，想找个地洞钻下去。但是牛敏同学很镇定，并且目光坚定地看着那位同学说："是的，我是来自乡下的小牛，但是我不是进城喝咖啡的，我是来'啃'知识的，以便回乡耕耘。我吃的是草，挤出来的是'奶和血'，我愿永做家乡的'孺子牛'。"

话音未落，底下的同学纷纷鼓起掌。原本是一个小小的新生自我介绍会，仿佛变成了牛敏同学一个人的演说。他用充满自信而坚定的目光，"打败"了那位同学，也征服了班上的其他同学。所以说，当演说者在演说现场遇到问题，无法掌控现场的时候，最好的办法就是用你的坚定的目光，征服你的听众。

对于演讲者来说，目光不仅能向听众传递自己的情感，还能适当释放自己的压力，让自己变得更加自信。所以，为了缓解紧张的情绪，让自己能够更自信地站在舞台上，演说者就要懂得通过目光展示自己的光彩，表达自己坚定的立场和信念，进而感染你的听众，建立信任关系，拉近彼此之间的距离，掌控演说现场。

（2）用动作展示语言魅力，调控现场

平淡的语言很难吸引听众，但是如果配合上动作，就会显得更生动、形象，更能展示语言的魅力和感染力。一般情况下，动作分为两大方面，一个是姿态，一个是手势。

首先是姿态。人们来听演说，除了需要获取知识，启迪自己外，还需要享受美感。所以，演说者的姿态一定要端庄大方，符合人们对美学的要求。一般情况下，演说者需要做到以下几点：

→ 身体保持正直，要抬头、挺胸、收腹，然后肩膀要打开，上台前要调整自己的呼吸，使得气息更加均匀。

→ 目光要注视听众，不要低头看稿件或其他物品。

→ 不要歪头斜视，无论演说、提问还是回答听众问题的时候，一定要正视听众，认真、严肃对待演说。

其次是手势。手势是演说中用得比较多的动作语言，能够加强情感的表达，增加感染力，让语言变得更加生动。因此，对于演说者而言，要想调控现场，也需要掌握手势语言的使用。一般情况下，利用手势语言需要注意以下几点：

→ 手势语言贵在自然。手势语言一定要协调，一定要是自然流露出的感情，如果是刻意或夸张的手势动作，反而会"画蛇添足"，无法给听众传递美感。

→ 手势语言要与身体、口头语言和感情协调。手势语言是一种辅助性的语言，它从来不是单独存在的，它与身体、口头语言和感情有着密切的关系。演讲是以讲为主，演为辅，但是没有动作，演说就变成一种说话活动，会对听众失去吸引力。但是动作一定要与个人的姿态、口头语言和感情协调，这样才能产生美感。

→ 手势语言不宜过多。演说是以讲为主，如果手势动作太多，很容易"喧宾夺主"，分散听众的注意力，降低演说的效率。

当演说者站在舞台中央的时候，你就成了听众的焦点，你的一举一动都会落入听众的眼睛里。但是，你不必为此感到惊慌。正因为你是舞台的焦点，你完全可以利用这个优势，用自己的目光聚焦你的听众，展现你的光彩，并用你的动作来增强你的魅力和感染力，进而征服你的听众，轻松应对问题，调控演说现场。

如何应对忘词或口误

不少演说者会有这样的经历，精心准备了很久的演讲，在台上讲得正激情高涨的时候，突然大脑一片空白，不知道自己接下来想说什么，台下成千上万双眼睛盯着你，你一时间不知道究竟如何是好。这就是演说者在演说中常遇见，也是最害怕遇见的情况——忘词。

忘词是舞台表演中最常出现的一种错误，如演员忘词，歌手在演唱会上忘词。著名歌手周华健很容易忘词，而且他的歌迷基本上都知道他的这个特点。每次忘词的时候，周华健都会笑着把话筒对着底下的听众，大家便会继续唱这首歌。当大家唱的时候，周华健也就慢慢回忆起了歌词。这在没有提示器的时代，是应对忘词比较好的办法。但是，在演说中，这个方法却并不适用。因为，台下没有听众知道演说者接下来要说什么。那么演说者要如何应对自己忘词或者出现口误的情况呢？

（1）不要死记硬背你的演讲稿

很多演说者对于脱稿演讲的理解就是死记硬背演说文稿。这种方式，很容易让自己在演说的时候因为紧张而忘词。中国武学中有句话说"无招胜有招"。对于演说来说，也是如此，讲究的是"无词胜有词"。也就是说，演说者为了能够在演说中表现更灵活，一定不能拘泥于形式。

但是很多演说者会说：不背词，我更不知道自己要说什么。不背词，并不是要你天马行空地发挥，而是要按照自己的思路，列出演说内容的大纲。列提纲的形式比较简单，能够方便演说者在忘词的时候，迅速记起忘掉的内容。

如果实在有些细节记不起来，可以根据大纲列出的核心内容和关键词自由发挥，只要不偏离演说的主题即可。

（2）改变句式，让语言更加灵活

什么样的句式能引发人的思考？显然是疑问句。所以，在演说的过程中，如果忘词了，我们可以改变句式，采用疑问句的方式。这样既能引导听众思考，也能给自己留出时间，回忆起遗忘的内容。同时，也达到了跟听众互动的效果。

举例：今天我想跟大家分享五个关于提高工作效率的方法，第一个是……第二个是……第三个是……第四个是……第五个是（忘词）。前面跟大家讲了四点，大家可以思考下第五点应该是什么呢？

当听众开始思考问题，并回答的时候，演说者很可能受某个听众答案的启发，想起第五点，也有可能听众能够将第五点直接回答出来。当然，如果实在想不起来也不要紧，我们可以就听众提出得比较多的观点，来进行解读。只要观点不偏离主题，这种方法就是可行的。

（3）直接跳过，让演说完整呈现

前面我们提到，歌手在忘词的时候，能够通过与歌迷互动来应对忘词的尴尬现场。因为歌迷很多时候比歌手还熟悉歌词，但是听众并不熟悉演说者表达的内容，所以无法采取这种方式。但是正因为听众不知道演说者要讲什么，对演说者忘词这件事来说，却是有利的。

因为听众不知道演说者的内容，所以当演说者忘词的时候，只需要直接跳过忘记的那一部分，对后面的内容直接阐述就行。但是要注意的是，在忽略遗忘的内容，直接跳过的时候，要注意上下表达内容之间的连贯性，即要有逻辑关系，否则会给听众造成一种突兀的感觉，导致演说内容表达完了，也会给听众不完整的感觉。所以说，忘词不可怕，只要能给听众呈现一个完整的演说即可。

（4）学会"造句"，开辟新的途径

演说的目的就是为了通过口头语言，来跟听众分享自己的观点。所以，我们一定不能依赖稿件，而要依赖自己。即当我们"忘词"的时候，要通过自己的语言能力和表达能力，学会"造句"，发现新的途径去表达自己的观点。

这就像成语接龙一样，如心情——情歌——歌曲——曲解，我们可以由上一个词推导出下一个词。而这种方式就可以运用到演说中，能够有效应对忘词。

举例：某中学生在一次《我的中学生活》主题演讲中说，马上就要中考了，我很紧张。因为当初没有努力学习，时间都被自己荒废掉了。现在距离中考还有一个月，我一定会珍惜时间，下定决心努力学习。我想做让爸妈骄傲的孩子，不想辜负他们对我的希望。（忘词）

这是上面的一段，整个演说可以说非常精彩、顺利。但是这时候学生突然忘词了。这时候我们可以说："我知道父母都是为了我们好，希望我们能长大成才，所以父母的爱就是我学习的动力。"这样的话，很容易让我们展开更多的联想，甚至会觉得自己的话匣子都关不上。所以，这种方式也是应对忘词比较好的方式。但是前提是，一定不能紧张，否则很难发散自己的思维，展开联想。

（5）正面回应口误或巧妙否定

演说中除了容易忘词，还容易出现口误。口误其实在生活中是一种最常见的现象，在生活中因为口误说错话，朋友都会一笑而过，但是在演说这种严肃、重要的场合，出现口误该如何面对呢？

→ **正面回应**。一般情况下，小的口误，如把日期或者数字说错这样的问题，我们可以直接纠正一下，如"不好意思，我这里说错了"。正常情况下，口误是可以被听众原谅的。但是，一定要纠正。

→ **巧妙否定**。巧妙否定与上面直接回应的方式不同，是以设问或者其他形式巧妙地否认口误。这种做法只要应用得当，会起到更具审美价值的效果。一般是自己问，自己回答。例如，某厂团委书记在讲到"我国古代的四大发明是造纸术、印刷术、指南针和青铜器"时，大家都笑了。这时候演说者马上说："上次看到有的人这么回答的，你们认为对吗？当然不对，四大发明应该是造纸术、印刷术、指南针和火药。"还有一种方式就是自己问，让听众来回答。两者方式都一样，能够巧妙否定口误。

总的来说，忘词和口误的现象在演说中非常普遍，而我们需要做的就是在平常生活中提高我们临场应变的能力，保持良好的心态，提高自己的心理素质，避免在演说中出现这样的情况，让演说变得更加完美。

如何应对冷场

冷场，其实在很多场合都会发生，例如我们跟不是很熟悉的朋友在一起聊天时，综艺节目里主持人跟嘉宾互动时。一旦出现冷场，我们会发现气氛显得很尴尬，让双方无所适从。在演说中更是如此。演说者站在舞台上要面对成千上万的听众，如果出现冷场的局面，不仅会尴尬，而且很可能会导致场面失控。所以，对于演说者来说，一定要懂得如何应对冷场。

一般情况下，演说中的冷场分为以下两种：

→ **单向交流冷场**。单向交流冷场，是指演说者表达的内容对听众毫无吸引力，他们没有兴趣，注意力会分散，如交头接耳，打瞌睡等。

→ **双向交流冷场**。双向交流冷场是指，在演说者与听众互动的环节中，听众毫无反应，或者只是简单地回应演说者。

而导致这两者情况出现的本质原因是，演说者的演说没有吸引力，听众并不是因为兴趣而听，而是为了遵守纪律、尊重演说者而留在现场礼貌地扮演一个"接受者"的角色。所以说，在演说中，冷场的出现也证明了演说者的失败。因此，为了避免这种情况出现，演说者在演说中需要做到以下几点：

（1）尽量使用短句

有阅读习惯的人会发现，在阅读的过程中，我们更喜欢读短句，因为长句总是会让人读着觉得吃力，并且很容易走神。同样，在演说中，我们也很喜欢听短句，短句不仅能够让人很快获取重点信息，而且短句简短、更有力量。所以，演说者在演说的时候，一定尽量使用短句。一句话能说完，绝对不用两句话，避免给听众造成拖沓、意思模糊的印象。

举例：某校举办了一场《我独身、我独立》的演说活动。一名学生在自己的演说中说道："在我上学前班的时候，爸爸妈妈就非常耐心地教我吃饭要怎么正确使用筷子、怎么样吃饭饭菜不会掉出来；他们还教会我如何自己穿衣服，怎么样才能不把衣服穿反；除此之外，还教会了我怎么刷牙，怎么刷才是正确的姿势，才能更干净，不浪费时间。"

该学生为了突出自己从小学会了很多事情，可以独立，用了很多长句。但是在表述这些事情的时候，因为句子比较长，很容易给听众造成疲惫的感觉。为了让听众能够明白这句话的意思，学生可以说："我在上幼儿园的时候，爸爸妈妈教会了我拿筷子吃饭、穿衣服和刷牙。"一句话，能够完全包含上面一大段话的意思，并且这种简练的句子，能够让听众听起来更容易理解。

（2）巧妙地变换话题

出现冷场的原因是听众对你的演说或者问题不感兴趣。所以，演说者一旦发现冷场，就要巧妙地转换话题。

但是，变化话题也是需要讲究技巧的，如果换一个话题，又继续冷场，那气氛就会显得更加尴尬，演说者将很难将演说顺利进行下去。一般情况下，在冷场的时候，演说者可以穿插一些奇闻趣事来活跃现场的气氛，吸引听众的注意力，也可以聊一些最近比较热门的话题，让大家积极参与进来。

奇闻趣事和大家都关心的热门话题，是人们生活中津津乐道的闲聊资料。演说者只要抓住了人们感兴趣的话题，了解人们的视听倾向，然后适当地说一些奇闻趣事，就能够巧妙机智地让尴尬、呆板的现场气氛活跃起来。这时候听众的注意力自然会聚焦到演说者身上，演说者可以继续进行演说。但是这时候，演说者要记住，一定要回到原来的话题上。

（3）用幽默化解尴尬

幽默是一种语言风格，更是一种人格魅力。幽默的人在遇到意外的事情的时候，会更加懂得如何巧妙地化解。所以，作为演说者，要学会培养自己的幽默细胞，让自己能够在冷场中巧妙地化解尴尬，创造欢呼的氛围。

美国芝加哥大学有一位叫布朗的教授。在一次学校举办的钢琴演奏会上，他上台演说。正在讲得津津乐道时，他的妻子雪莉不小心摔倒了。布朗看到妻子并没有受伤，一边扶起妻子，一边说："哦，亲爱的，我记得和你说过，在我没有获得掌声的时候，你才可以这样表演哦。"在场的人听到布朗教授这句话的时候，一边哈哈大笑，一边发出了热烈的掌声。

原本在演说会现场，妻子摔倒在自己旁边是一件很尴尬、丢脸的事情，但是布朗教授却用自己幽默的语言，在这种场面为自己赢得了掌声，也成功吸引了听众的注意力。这就是幽默的力量。在冷场的时候，同样适用。例如，演说者提出的问题底下听众的反应不是很强烈，那么演说者可以说："大家都这么沉默，是睡着了吗？经过这场演说，我成功地发现了自己另外的一个职业前景——催眠师。"这时候，大家肯定会相互看看现场是不是有人睡着了，并且会忍不住偷笑，现场气氛自然就变得活跃了。

当然，幽默的风格不是与生俱来的。要想形成幽默的语言风格，增强自己的幽默能力，我们需要去发现生活的乐趣，懂得换一个角度看问题。例如，可以多看一些有趣的故事，或者网络段子，但是前提是要确保这些内容是健康的。这样不仅能够让自己变得幽默，巧妙化解冷场的局面，还能让自己变得更加积极、乐观。

总而言之，在演说中，出现冷场的情况，一定是演说者的表达存在问题。有句话说"解铃还须系铃人"。因此，演说的冷场局面需要演说者调整自己的方式，从自己开始反思，然后选择相应的方式，调动现场的气氛。

如何应对尖锐提问

很多演说者，为了增强演说活动的气氛，会在演说结束后，安排一个自由提问环节。自由提问环节，不仅能够拉近演说者和听众之间的距离，促进双方之间友好的交流，还能够给听众答疑解惑，让他们获得有价值的信息。这对演说者来说是一个很有价值的事情。

但是，同样，这件事情也容易导致一些尴尬的局面产生，如，当演说者被听众问到尖锐的问题，一旦演说者不能给出答案，底下的听众很可能就会开始起哄，最后甚至有可能导致场面失控。而这时候，前面顺利完成的演说就毁于一旦。所以，演说最后自由提问的互动环节，可以说是演说者又爱又恨的环节。那么，在实际的演说中，演说者要采取怎样的措施才能应对听众尖锐的提问呢？

（1）正面回应，如实告知答案

我国古代著名思想家孔子曾经说过：知之为知之，不知为不知，是知也。所以很多时候，遇到问题，最好的办法不是逃避，而是直接面对。当你能勇敢站出来面对问题的时候，你会让听众看到你身上的勇气和真诚，即便你回答不出来，他们也会选择原谅你。

例如，在被听众提到比较尖锐的问题时，演说者可以说："非常感谢这位听众朋友的提问。但是，同时也很抱歉，我无法给一个完美的答案给你。我只能简单说说我的想法，如果你们有更好的想法，我认为大家都可以分享一下。我觉得今天的演说，不是我一个人的，而是大家互相交流、学习的机会。

希望通过交流，大家都能获得更有价值的思想。"通过这样的说法，相信你的听众不会关注你能不能给出这道题的答案，而是大家都会积极加入到你的行列，一起讨论。所以说，正面回答，不仅能巧妙化解无法给出问题答案的尴尬场面，还能利用这个问题，来进行现场互动，调动演说的气氛，让演说活动再一次达到高潮，可以说是一个一举两得的事情。

（2）侧面回应，让其他听众替你回答

演说者要知道，在现场的不只是演说者和提问者，还有很多听众。很多时候，演说者回答不出来的问题，未必听众回答不出来。所以，对于演说者而言，无论在遇到什么事情的时候，一定要有一定的应变能力，不能将自己的思维固化。例如，当听众提出尖锐的问题时，可以让其他听众替你回答。

举例：听众提问：在您刚才的观点中提到，目前看来一夫一妻制是最合适的。所以我想问下，随着人口老龄化的加速，是否在以后还是会回归封建时代的一夫多妻制呢？

当被听众问到如此尖锐的问题时，直面回答是不妥的，似乎推翻了自己的观点。所以这个时候可以从侧面回答，例如可以说："非常感谢您仔细聆听我的演说，也特别感谢您的提问！这个问题很有深度，我想现场一定有对这方面研究比我更深的听众，我们不妨听听他们的看法。"这个时候，演说者就很自然地将问题抛出去了，无论听众回答什么，大家都不会判断对错，只会把这个当成一次交流。这种方式，也很自然地将提问变成了互动环节，有效化解了尴尬的局面。

（3）反抛问题，让提问者自己回答

很多时候，演说者难免会遇到一些十分棘手的问题，很难给出答案。例如，听众问："你觉得我要怎么做？""我需要去买这方面的产品吗？"这类问题是听众问得最多，也是演说中最难回答的。但是，演说者要知道，不要轻易去帮别人做决定，你的意见只能供他参考。

所以，当听众提出诸如此类的问题时，演说者切记不要正面回答。你完全可以将问题抛回去，让听众自己回答。如："你认为你当下应该做什么呢？""你觉得自己需要购买吗？"这样的提问，不仅能够有效应对这种尖锐的问题，还能够引导听众自己认真思考，找到解决问题的方法。

（4）礼貌拒绝，有些问题无须回答

通常情况下，当听众提问时，演说者需要认真回答，以便在听众心里留下更好的印象。但是，听众的素质是参差不齐的，难免会有人故意刁难演说者，提出一些尖锐的、让演说者下不了台的问题。那么，面对这种恶意挑衅和攻击演说者的听众，我们要做的就是置之不理，拒绝回答。因为在演说中，这种提问不是有效的互动，而是影响演说的无效交流。

例如，上面案例中，关于"一夫一妻"制度，如果听众问："您好，您觉得以后实行一夫多妻制可行吗？"这显然是一个很尖锐的问题，无论怎么回答，都会引起其他听众的非议。所以，这时候，演说者可以礼貌拒绝。例如，演说者可以说："这个问题，不在我研究的领域，如果这位听众朋友很感兴趣，可以私下跟我聊一聊你的看法。"

在演说中，演说者会遇到各种各样的问题，这不仅要演说者懂得巧妙回应这些问题的技巧，还要有很快的临场反应，能够明确判断出听众提出的问题，是应该正面回答，还是应该拒绝回答。演说者只有明确听众的提问意图后，才能采取更有效的方式去回应，进而让演说得以顺利进行。

如何应对演说工具问题

演说工具，是为了辅助演说者的表达，给听众呈现更好的视觉效果，进而促进演说效率提高的一种辅助工具。但是，演说也是一种表演，很多时候也会有意外的情况出现。例如，不可控的演说工具出现问题，如演示文稿突然打不开，麦克风没有声音，音响突然出现严重的噪声等。这些都是演说中常出现的意外情况，也是演说中无法避免的情况。

美国前总统奥巴马的演说，是很多想成为演说家的人最好的学习对象。奥巴马除了能够给听众传递超大的信息量之外，流利的语言表达，一字不落的背稿功力，也让众人佩服。但是，很多人在想，这么长的演讲词，对于日理万机的总统来说，哪有时间背稿呢？其实总统并没有那么多时间背稿，他们在演讲中会使用提示器。奥巴马表示，使用提示器的原因，并不是为了偷懒，而是为了更好地跟听众进行眼神的交流，从而更好地传递自己要表达的信息。但是，奥巴马在一次演讲中，遇到了突发的意外情况——提示器突然坏了。这个时候，演说正在火热进行，奥巴马却因为提示器的"罢工"开始变得语无伦次。这无疑让底下的听众颇为失望。从此，美国人评价奥巴马的演说会说：奥巴马是离不开提示器的人。

提示器也是演说中的一种工具，可以避免演说者因为担心自己忘词，过于紧张而影响演说效果。但是过于依赖提示器，会导致提示器一旦出现故障，演说者就好像断线的风筝，不知道接下来要往哪个方向去，例如奥巴马，在提示器出现故障后，就开始变得语无伦次，让自己之前树立的形象在听众面前完全崩塌。那么，为了避免这种尴尬的情况产生，演说者该如何更好地应对演说工具的问题呢？

（1）演说前，对演说工具例行检查

为了避免意外情况发生，最好的方式是在演说之前，首先对这些工具进行检查。一般情况下，在演讲前，为了能够有充足的时间对演说工具进行检查，需要根据具体情况提前一个小时或两个小时到达演说现场。通常情况下，演说工具的检查包括以下几项：

第一项：场地环境。场地环境检查，包括场地的大小、演讲台的位置、观众席的位置、场地外面是否有噪声会对演讲造成干扰等。

第二项：灯光。灯光在演说中具有很重要的作用，不仅能给人明亮的环境，不同色调的灯光还能烘托不同的气氛，能够推进演说的进行。因此，演说前，需要将需用的灯都检查一遍，避免演说的时候灯光出现问题，导致演说无法进行。

第三项：麦克风。麦克风对于演说者来说，可以说是最重要的演说工具。所以上台前，必须确保麦克风是没有问题的。此外，最好准备一个备用的麦克风，做好预防措施。

第四项：辅助音响设备。辅助音响设备，也是演说中必备的硬件设施，所以也需要检查，确保没有故障。

第五项：演讲内容检查。这里所说的演讲内容检查，并不是检查自己演讲稿的内容，而是需要检查自己准备的资料是否齐全，例如，存有演示文稿资料和相关演说资料的U盘是否携带，U盘里是否存有自己需要的资料，演示文稿是否能正常播放等。这些内容在演讲之前，都需要做完善的检查。很多演说者容易忽视这些细节问题，导致自己的演说无法顺利进行。

演说前对场地和硬件设备的例行检查，不仅能够有效避免演说中出现意外的情况，还能够让演说者对环境和硬件设备更加熟悉和了解。很多时候，熟悉的场景和物件，会给人一种更亲近的感觉，能够缓解演说者的不适感和紧张感，更有利于演说顺利进行。

（2）演说中，冷静面对突发情况

虽然演说者可以通过检查来确保演说工具没有问题，但是很多时候，我们会遇到一些突发情况。就像上面案例中奥巴马在演说中，突然提示器出现故障的情况一样，我们也很可能会遇到说话说了一半，麦克风突然没有声音的情况。那么这个时候，为了应对这些突发情况，我们要如何去做呢？

首先，跟听众道歉。在演说工具出现故障的第一时间，首先要跟听众真诚道歉。当你真诚地道歉后，听众会换位思考，认为这种突发情况是谁都意料不到的，进而会选择原谅你。

其次，如果不是很严重的问题，跟听众确认是否影响，如果不影响，可以继续。例如，中间有一排灯突然不亮了，但是整体来说影响不是很大。但是，这种情况下，影响大不大不是演说者说了算，而是听众说了算。因此，我们首先需要问听众，是否影响自己的听讲。如果不影响，那么可以在征求意见后，继续演说。

然后，要是演说工具的问题比较大，严重影响听众的听讲，那么演说者一定要中断演说，并立即向场内的工作人员求助，让技术人员来维修设备。在维修设备的时候，演说者切记，不能冷场。这个时候，可以跟听众聊一些轻松的话题，如"看来我的气场还是太强了，设备都被我震坏了。""你们今天想听我讲点什么呢"等。这样既能为维修设备争取时间，还能调动气氛，利于接下来的演说。

最后，再次道歉。当设备修好之后，我们要再次向听众表示道歉，例如："谢谢你们这么有耐心，等待维修设备。"除此之外，我们还需要采取一些方式，来弥补听众等待的时间。例如，演说结束后，可以留出更多的时间，让听众提出有困惑的问题，或者演说结束后，发一些小礼品。

总而言之，在演说中，遇到这些突发情况是很正常的事情。我们首先要做好心理准备，准备随时应对突发情况。也就是说，在面对这些问题的时候，作为演说者首先不能惊慌，如果演说者过于慌张，不仅会影响自己接下来的演说，还会影响听众的情绪。所以，面对突发情况的时候，不要纠结问题的发生原因，你要做的是安抚听众的情绪，然后争取在最短的时间内解决问题，继续你的演说！

如何应对演说时间问题

在演说活动中，演说者除了担心忘词、口误、听众提出尖锐的问题等，还有一个更关键的是演说的时间问题。一般情况下，小的演说十几分钟，大型的演说活动半个小时或者一个小时。通常情况下，演说者遇到的问题是，时间到了，但是内容并没有表达完。当然，也会遇到演说内容表达完了，但是时间还没到，但是这种情况比较少。那么，在演说中，为了让演说更加完美，演说者要如何应对演说的时间问题呢？

（1）合理分配时间

一般情况下，演说稿包括三个内容：开场白、核心内容、结尾。演说活动一般会提前安排好时间，如一个小时。那么演说者就需要根据安排的时间，对以上三个内容进行合理的分配。虽然这种分配不能确保实际的演说就按照规定的时间来，但是会让演说者心中有数。例如，开场白安排的是 5 分钟的时间，但是演说者因为一些题外话，说了 10 分钟。那么为了均衡时间，演说者就将核心内容的时间或者结尾的时间控制得紧一些，避免时间到了，演说内容没有表达完。

除了要在演说前合理分配时间外，还需要在排练的时候，根据分配的时间来进行实际的演练。排练的时候，很容易发现时间分配是否合理，如果不合理，可以进行及时的调整。为了能够在演说中将时间控制得更好，我们可以对表达内容进行细化，在排练的时候，可以记下这些时间点，例如第一个要点 8 分钟，第二个 10 分钟。这样细化之后，时间的安排会更精细化，更容易把控。在演说前，排练的时间越多，越能接近实际演说中的时间，对时间估计的误差就会越小。所以演说前，不仅要对演说内容进行排练，也要注意你的演说时间。

（2）学会用手表掌控时间

一般演说者，为了更好地掌控演说时间，他们都会佩戴手表。当然，手表还可以作为一种佩饰，衬托出演说者的气质。但是，在演说的时候，演说者要注意的是，我们可以用手表来看时间，但是不能紧盯着手表。紧盯着手表看时间，会让听众觉得你已经厌烦这场演说，希望早点结束，那么这时候，听众也会显得不耐烦。

除此之外，不停看手表指针的运动会给人造成一种压力，让演说变得生硬不自然。这就像在考试的时候，当自己试卷写不完的时候，我们会不停看手表，发现手表上的指针不停转动的时候，我们的心脏跳动得更快，并且随着时间的流逝会变得越来越紧张，原本会做的题，到最后因为紧张做不出来。

同样，在演说中，不停地看手表也会影响演说中的表达。例如，当演说者看到时间不多时，会为了在规定的时间讲完而加快自己的语速，或者因为时间还多，故意放慢自己的语速。语速太快，会让听众难以接受和理解演说者传递的信息，而太慢，则很容易让听众昏昏欲睡，所以，这种控制时间的方式是不可取的。所以说，演说者要学会看手表，即在每一部分开始的时候和结束的时候看手表。例如，开场白计划 5 分钟，开始的时间是 9 点，结束的时间是 9:06。虽然误差 1 分钟，但是几乎是控制得刚好。那么后面的时间，就可以按计划进行，不需要进行调整。

（3）时间不够，粗略概括要点

演说活动中，难免会遇到一些意外情况，如果能够按照自己计划好的时间进行演说，那么自然是一件很完美的事情。但是，如果实在遇到了一些特殊的情况，耽误了时间，在既定的时间内，无法顺利完成演说的话，那就粗略概括要点。

　　例如，在最后几分钟，发现自己还有一部分内容没讲完。那么这个时候，演说者需要告知听众，如：很抱歉，可能要耽误大家几分钟的时间，我把剩下的内容都讲完。一般情况下，几分钟的时间是在听众的接受范围内。但是演说者一定要尊重听众的意见，如果什么都不说，直接讲的话，很可能导致听众直接离场。而且还需要注意的是，剩下的内容不管多少，只能粗略概括要点，不能占用听众太多时间。演说者可以跟听众说，如果存在疑问，演说结束后，可以私下沟通，或者给听众留下自己的联系方式，以免让听众认为你因为时间不够，而草率收尾。

　　（4）时间充裕，与听众进行互动

　　很多时候，演说者会因为忘词跳过部分内容，或者因为其他情况，导致自己内容表达完，但是还剩下时间。那么这个时候，该怎么办？如果剩余的时间不多，例如只有 5 分钟，那么可以选择提前结束。但是如果时间比较长，如 10 分钟以上，那么演说者不可提前草草收场，结束演说。

　　这时候，演说者就可以巧妙利用这个时间跟听众进行互动，如自由提问。或者再次对正常演说做一个总结，或者表达对大家的祝福等。这样不仅可以将剩余的时间有效利用起来，还能再次带动演说的气氛，激发大家的热情，给听众留下更好的印象。

　　一个优秀的演说者，不仅懂得如何把控演说现场，更懂得如何合理分配时间，利用台上的宝贵时间。对于很多演说者来说，他们也许准备了很多年，才有机会站上这个舞台，如果不能有效应对演说的时间问题，那么他们的付出就功亏一篑了。所以，演说者要有很强的时间观念，懂得在演说中如何把控时间，将舞台的每一秒都发挥出最大的价值！

第七章 演说的力量：说服与成交

演说最大的力量就是说服与成交。真正优秀的演说者，不需要站在台上推销自己的产品，我们只需要激发信赖，帮助你的听众解决问题，烘托气氛，让听众主动来与你成交。

激发信赖，说服的第一步

如果把演说比作一场旅行，那么演说者就是一名导游。身为一名导游要想带领游客顺利地到达美丽的风景区，让他们完成这次旅行，该如何做呢？我们不妨设想一下，如果我们是游客，我们要如何才能愿意离开自己熟悉的环境，跟陌生人走呢？前提一定是，对方激发了我们的信赖。作为演说者也是一样。台下的听众也许有很熟悉你的，但是一定也有第一次听你演说的，无论是谁，其实都需要激发信赖，他们才会认真聆听你的演说，你才有机会说服对方，进而才有可能促成最终的成交。

美国著名政治家、演说家亚伯拉罕·林肯曾经说过："在预备说服一个人的时候，我会花三分之一的时间来思考自己以及要说的话，花三分之二的时间来思考对方以及他们心里说什么话。"对于演说者来说，这句话同样适用。演说者要想取得听众的信赖，说服听众，就需要把三分之二的时间都放在听众身上，去思考你的听众需要什么，然后满足他们的需求，激发他们的信赖。

（1）了解听众的兴趣

有人喜欢音乐，有人喜欢读书，有人喜欢表演，有人喜欢写作，还有人喜欢运动、旅行等。每个人都有自己喜欢的事情，喜欢谈论的话题，所以演说者要想激发听众的信赖，可以从激发听众的兴趣入手，打开听众的"话匣子"，进而让他们对你产生信任感。这时候，演说者可以再抛出一些能够激发听众兴趣的问题，点燃听众的好奇心。这样会激发听众追问"为什么"或者结果会"怎么样"。一旦听众对某些事物不理解，认为自身存在某种知识缺口需要填补时，内心就会有着更强的求知欲。那么这时候便是演讲者激发听众信赖的最好时刻。

（2）了解听众的需求

演说者要想激发听众的信赖，首先要了解听众的需要。很多人在演讲的时候，总是急着达到某种目的或者目标，而忽略观众内心真实的想法和实际的需要。结果是，演说者在台上洋洋洒洒说了半天，台下观众却没有明显反应。这样显然会导致演说失败。因此，为了让演说顺利进行，我们必须从听众的角度出发，为听众着想。这也就意味着我们在准备演讲时，需要互换角色，设身处地地为听众考虑。

例如，很多演说的目的是为了产品的成交，即要说服听众购买自己的产品。因此，在演说的过程中，很多演说者为了能够将自己的产品卖出去，站上演说台就开始直奔主题。他会强调产品的价值、性能、特征等，以此来吸引听众。但是，大部分听众是奔着演说来的，如果刚开始听到的是演说者对产品的推销，那么他们很可能会选择直接离去。而有经验的演说者即便要推销自己的产品，他们也会懂得首先要站在听众的角度去考虑，抓住听众的需求。也就是说他们先是了解听众的需求，拉近跟听众之间的距离，建立信任感，然后再说服听众购买产品。简而言之，激发信赖，是说服的第一步。

（3）满足听众的需求

当激发了听众兴趣，了解了听众的需求后，就需要花剩下三分之一的时间，发表自己的想法，来满足听众的需求。但是很多演说者为了使得演说更有说服力，在表达自己想法的时候，喜欢在演讲中自吹自擂、炫耀自己取得的成功，或者卖弄自己或自己公司所取得的成就，显得自己充满优越感。实际上，这种过于卖力的"表演"，只会给听众带来一种距离感，甚至让听众产生厌恶感。因为整个过程中演说者都在以自我为中心，而不是从听众的角度考虑，分享对听众有价值的思想，自然很难取信于听众。

听众一般较钟情于真实、真诚的演说者，因为真实的演说者不会夸大、伪造事实，懂得使用切身经验、切身体会，流露真情，打动观众，进而获得听众的信任。

因此，演说者除了在情感上要真诚表达、获取听众信任外，还可以从内容上获取听众的信赖。为了让听众信任，在阐述观点的时候，尽量使用推理法，例如"如果……那么……""因为……所以……"等。

著名演说家鑫龙海在演讲《心有定力》中这样说道：

人们评价一个人，往往看他本身之外的东西，如蒙田所说，人们买剑，往往不看剑锋是否锐利，而是看剑鞘是否华丽。这个"剑鞘"之于人，即财富的多寡、地位的高低、衣冠的明暗、交流的广狭。别人的评论，都是建立在他们自己的价值取向上的，实在不足为据。如果别人的一番评论就改变了你的价值取向，只能说明你从来就没有确立属于自己的价值体系。所以不要太在意别人的评论，重要的是强身固本。

鑫龙海的这篇演讲正是利用了推理法，利用因果关系，步步推进演讲内容。这样的表达，一定会让听众更加信任观点，进而激发听众对演说者的信赖。

所以说，对于演说者而言，要想激发信赖，首先是要了解你的听众的兴趣和需求，然后从自身的角度考虑，你可以为你的听众做些什么，来满足他们的需求。

站在台上绝对不可推销

很多演说者站在舞台上之后，很容易将舞台当成一个推销产品的商场，没说两句话，就开始推销自己的产品。其实，这是演说中听众最忌讳的一种演说方式。虽然也有不少听众会接受你的推销，购买你的产品，但或许，下一次你再有演说活动，他们就会拒绝参加，因为，他们不需要再购买产品了。所以，真正懂得演说和销售的演说者，他们绝不会站在台上推销自己的产品。

很多人会纳闷，在台上推销产品是最好的机会，为何不能这么做呢？其实，站在台上确实是最好的机会，但是这个机会并不能用来推销产品，你应该推销的是你自己。为何这么说？

（1）推销产品，只会让演说停留在表面

很多演说者，在演说中，可能会因为公司的名气或者产品的名气很大，不由自主地将这种自豪感表达出来，进而开始推销自己的公司，推销自己的产品。例如，一些大企业，如阿里巴巴的销售顾问，他们在演说的时候，很可能会说：大家好！我是阿里巴巴的销售顾问。底下听众的反应会是：啊！原来是阿里巴巴的销售顾问！很荣幸认识你！当然，如果这个时候这名员工接着推销自己的产品，也会取得不错的反响。而这种反响，是公司带来的，并非他自己的演说能力和销售能力征服了听众。也就是说，任何一位阿里巴巴的销售顾问来演讲，都会产生这样的效果。

所以说，在演说台上推销产品，只会让演说停留在表面。在听众看来，

无非是参加了一个销售大会，遇到自己喜欢的东西就买，自己不喜欢的就不买，这就是这次演说对听众的价值。但是，演说者要切记，任何一场演说的核心价值，一定是你传递出来的思想，而不是某一个产品能替代的。如果你的产品代替了你，那你在演说中的价值就荡然无存。即便你在演说上销售出成千上万的产品，成了公司当月的业绩销售之王，但是你的演说依然是失败的，因为你的演说只是一个产品销售会，你没有让你的听众记住你，记住你传递的思想。

演说的力量是说服和成交，让听众愿意听你表达想法，愿意购买你的产品。但是要达到这些目的，你要做的绝对不是停留在表层，去推销你的产品。你要深入去表达自己的思想，去影响并改变他们的行为，当他们的行为改变后，产品其实不需要推销，他们会主动购买。这就是演说的力量。

（2）"推销"自己，才是最好的产品

作为演说者，你要明确地知道，无论你身处在什么样的公司，旗下拥有怎样厉害的产品，这些都不会是你的主打品牌，你的主打品牌应该是你自己。因为，离开企业和产品后，你依旧是你自己。所以，对于演说者来说，当你站在台上的时候，最重要的事情一定是让别人记住你，这才是你最大的资本和资源，而这些资源，无论你在哪，都会助你走向成功之路。所以说，绝对不要站在台上推销产品，你要推销的是自己，你自己才是自己最好的产品。

所以，作为演说者，你首先要做的是让别人看到你的魅力，其次才是你的产品。如果你首先推销了产品，你就失去了一个展示自己魅力的机会，或者说你把这个机会让给了一个产品，这是最不值得的事情。如果你真的懂演说，你会发现身边真正的演说大咖，他们从来不会在演说中推销自己的产品，因为这种重要的社交场合，更适合的是推销自己。他们会做的是跟听众建立联系，

而非做生意。即便是推销产品，做生意，也是后面的事情。

所以，作为演说者，我们要明确地知道，无论我们的公司多么厉害，产品多么畅销，在演说中，真正的谈话的双方是你和你的听众。演说者要想让演说成功，就要跟听众建立密切的联系，让他们信任你。但是公司和产品并不能在你跟听众之间建立密切的联系，能建立密切联系的只有你自己。所以，换句话来说，你要做的绝对不是站在台上推销你的产品，而是要让听众主动找你投资。因为对于一个聪明的投资者来说，他们不会因为某个公司或者某个产品而投入自己的时间和金钱，对于他们来说最好的投资就是投资人才。

所以，站在台上不要浪费时间推销产品，你要做的是用最大的热情去展现自己的魅力，吸引对方投资自己。

（3）"推销"思维，给听众想要的感觉

演说成不成功，并不是演说者说了算，关键还要看听众的反馈。所以说，对于演说者来说，要想进行一场成功的演说，还需要了解你的听众，知道他们需要什么。很多演说者会产生疑问：他们既然来参加我的演说活动，不就是想知道我要表达的内容吗？但是，很多时候，并非如此。有些人去听演说是为了解决心中的疑惑，有些人去听演说是为了激励自己。所以，演说本身是没有价值的，这些价值都是听众赋予的。而他们赋予价值的标准是，能给他们想要的感觉。

所以，对于演说者来说，站在台上推销产品是最愚蠢的行为，真正意义上的推销产品，应该是推销思维。即改变听众的认识，让他们认同你的思想，并愿意传播这种思想。当他们的认知和行为发生改变后，自然会主动靠近你，投资你。

总而言之，演说者在演说中要明确自己的位置。你是一个演说者，你要

做的是面对听众分享你的思想，改变听众对世界的认知。也就是说，无论你的最终目的是不是推销产品，你绝对不能站在台上推销。你要做的是，让你的听众看到自己的魅力，让自己成为自己的主打品牌，并推销自己的思维，让听众得到想要的感觉，进而主动投资你。

不卖产品卖梦想

舞台不是推销产品的地方，而是传递价值，激发梦想，并实现梦想的地方。所以，对于演说者而言，要想说服你的听众，促成产品成交，那么站在台上的时候，你要不卖产品卖梦想。

人人都是有梦想的，但是未必人人都对你的产品有需求。所以，也许你的产品只能卖给几个人，但是你的梦想一定能卖给在场的所有人。梦想对于我们而言，是前进的动力。但是，很多时候，因为种种原因，导致我们无法完成梦想，而这就成了我们人生的痛点。

所以，作为演说者，为产品找"卖点"，不如为听众找"痛点"。只要找到听众的痛点，就能帮助听众实现梦想。而一旦梦想实现了，客户对你的信任感就会大大增加，这时候，或许不需要大费口舌去说服你的听众，他们会购买你的产品。

痛点，简单地说，就是听众在日常生活中所担心、纠结、得不到解决的问题，它往往存在于某些场景的需求。市场中一切营销机会都是建立在市场需求之上，而所有的需求又是建立在客户痛点基础之上的。痛点是营销工作的原动力，是客户愿意购买的核心欲望，也是说服客户、促进成交的关键。

因此精准锁定客户的痛点，是销售工作的关键步骤，找痛点是一切产品销售的基础。那么作为演说者，我们如何抓住听众的核心欲望，锁定听众的痛点呢？

（1）挖掘潜在需求

前面我们提到，要跟听众之间建立信任感，需要了解听众的需求。但是，如果要说服听众，达成交易，仅仅是发现需求还不够，我们需要挖掘听众的潜在需求。即听众不说我们也知道他们需要什么。一旦满足了他们的这种需求，就等于给了他们一个意外的惊喜。从心理学的角度看，人人都喜欢惊喜。

随着互联网的发展，当下正处于"超级用户时代"。这个时代，掌握市场的不是企业，而是消费者。也就是说，在演说中，决定权是在听众手里，而不是在演说者手里。要想让听众购买你的产品，你需要知道他们内心在想什么。

一般而言，客户需求分为两种：

→ **刚性需求**。刚性需求指的是，商品供求关系中受价格影响较小的需求。这些商品包括日常饮食、生活用品、生活电器等基本的生活需求。这些需求一般都会表现出来，是比较浅的层次。

→ **潜在需求**。潜在需求指的是，胖子想通过减肥拥有苗条的身材，长相一般的人希望整容成美丽的样子。这种潜在的需求恰恰是当事人痛苦、纠结之处，是他们痛点所在。因此演说者在深度了解客户的过程中，需要挖掘这些听众的潜在需求。

在微信刚刚上线时，人们普遍认为微信的核心功能仅仅处在发短信、发语音、发朋友圈、视频聊天的层面。因此，很多年轻人认为微信和QQ、微博等其他交流平台大同小异，因此并没有多少人对微信感兴趣。后来腾讯公司针对这一情况，从微信中选取一项最核心、新颖的功能，开始宣传推广，打动吸引客户，挖掘客户的内在需求。在一个公共场合中，微信创始人张小龙先是把微信的基本通话、聊天功能推荐给朋友时，朋友并没有很感兴趣。紧接着张小龙又开始当场为他们演示微信的其他功能。在试用摇一摇功能的时候，大家的注意力一下子被吸引了过来，当他们得知摇一摇功能可以摇到附近的美女帅哥，可以交朋友、打招呼时，纷纷争着抢着要安装、注册微信。

由此可见，客户的这种潜在需求，需要我们深入去探索、去挖掘。尤其是在产品更新换代较快的当下，消费者的需求瞬息万变。所以，站在舞台上的演说者，为了更好地满足听众的需求，也需要跟上社会潮流趋势，跟上听众的脚步，更深地挖掘听众的需求，掌握社会热点话题及听众普遍心理。

（2）深层次挖掘痛点

很多时候，听众痛点未必会流露于表面，并且表面上的痛点也较容易被竞争对手发现。而深层次的痛点，往往隐藏着本质的需要。所以，演说者要想找到这类痛点，就要深度去探究、去思考。

在挖掘客户痛点的时候，我们可以从用户身份、地位、金钱、相貌、学历等方面去刺激、去挖掘。当你发现听众对某一方面比较敏感的时候，则需要多方面地进行观点阐述，甚至是重复进行，争取在用户心里留下深刻的印象。

此外，我们还可以将听众的痛点最大限度地放大。例如，现在微博公众平台、微信公众号中，我们经常可以看到许多销售、微商都非常善于进行痛点营销。他们会聪明地抓住社会中的热点话题和人们的普遍心理，进而激发他们的欲望。热点话题包括环境污染、房价、教育、医疗、食品安全、工资、政府新政策、健康、养生等人们极关心的问题。例如，"房价又降了？最新价格表出炉，看看你家的房价是多少""起床是先刷牙还是先喝水，这关系到你的生命质量"等。这些恰恰是用户在日常生活中所担心、纠结、得不到解决的问题，网络营销者正好利用热点话题戳中了客户的痛点，锁住了他们的需求以及欲望，成功引起了公众的好奇心，进而点击阅读。

（3）升华需求：卖梦想

IBM的营销总裁对他的推销员说："每个成功的推销员都知道，你卖的不是产品本身，而是产品所带来的利益和价值。"露华浓高管对员工说："你卖的不是唇膏，你卖的是欲望。"他们的智慧之处在于针对客户在购买过程中的戒备心理、安全心理、趋利避害心理等，从卖欲望这一独特的切入点，突破客户的心理防线，从而达到最终成交的目的。对于站在演说台上的演说者来说，同样，你卖的不是产品，你卖的是梦想。你需要挖掘听众的潜在需求和痛点，知道他们想要的是什么。

金威啤酒电视广告片也正是利用了这种卖欲望的方式，《要爽喝金威》在中央电视台和深圳卫视播出后，受到了经销商、营销人员包括广告业界人士的一致好评。广告的导演花费了大量的人力和物力，在拍摄现场搭设了夜市、大排档、酒楼等多个场景。每个场景都是精心设计的，仿佛自己就穿梭在夜市的大排档中。

很多人都评价该广告片场面宏大、动感时尚，诉求简洁有力，使得金威啤酒的品牌更加年轻时尚、富有激情。记者采访了广告制作公司的创意总监、总导演，与其畅谈广告片的创意诉求。他总结道："卖的不只是啤酒，卖的是喉咙里的欲望。"

正因为这个广告，金威啤酒的销量呈直线飙升。而导演这种"卖的不只是啤酒，卖的是喉咙里的欲望"的营销理念，是金威成功的关键因素。所以，作为演说者，也要懂得我们的核心不是产品，而是听众的梦想。我们知道什么不重要，他们想知道什么才重要。所以，在演说中，要去了解听众的梦想，并将这种梦想跟你的产品连接起来，进而最终成交。

帮助听众解决问题，而不是销售

成功的演说者不是简单地向听众销售产品，而是帮助听众解决问题。著名励志演说家戴尔·卡耐基说："天底下只有一种方法，能够使人们立即行动，那就是促使他们明白行动的目的和益处，让他明确行动的动机。你越是对听众强调使用产品给顾客带来的好处，能够帮助听众解决哪些问题，听众购买的动机就越强。"

那如何帮助听众解决问题？

（1）了解客户基本情况

演说和销售都需要先摸清楚客户的基本信息以及信息需求。从营销的角度来说，就是对客户信息数据的采集，内容包括听众的学历、工作、收入水平、消费水平等。其目的是通过对听众的了解和系统分析，有针对性地帮助客户解决问题。

（2）发现问题

解决问题的前提是发现问题。一般情况下，对于需求明确的听众，解决他们存在的问题和满足其需求较为容易。但是有些听众不知道其需求在哪里，或者是故意将一些问题、需求隐藏起来。对于这类听众，我们则需要去发现他们的问题、找出问题所在，才能满足他们的需求。作为演说者需要通过不断地询问，去发现听众的问题或者更深层次的需求，然后，根据听众的需求，为听众提供满意的答案。

某讲师，他因为一部手机让很多人印象深刻。当然并不是因为这款手机多么高档、而是因为它的款式相当的老，是一款按键手机，功能很少，与现在智能手机相比简直是相差甚远，可以说是"老古董"。

一天，有人出于好奇就和讲师交流起来说："在微信营销、多媒体营销高速发展的今天，智能手机几乎普及千家万户，而作为一个讲师，利用多种渠道对自己讲课、宣传都是非常有帮助的，老师您为什么不换一个智能手机呢？"讲师说："用得好好的，为什么要换？我这款手机又没有坏，而且用起来挺方便的，拿着也习惯了，我没觉得有什么不好。"学生说，"老师你知道吗？智能手机里面有很多功能，比你手机里面的功能强多了。"讲师说："我知道啊，但是手机本质上的用处不就是打电话、发短信之类的吗，要那么多功能干吗！"学生说："微博、微信、直播等营销你知道吧？"讲师说："我听说过。"学生继续说："微博、微信、直播是很好的自我营销手段，现在很多讲师都用这种方式做推广、宣传，进行自我营销，效果非常好。而且出门都不用带钱包，买东西就可以用手机上面的支付软件支付，出门打车就用打车软件叫车然后在手机上支付。总之用起来非常方便。"讲师一听，眼睛放光："真的假的，听你这么一说，看来我得赶紧去买一个，好体验一下你说的种种好处。"

这个讲师看得出来是一个典型的智能手机潜在用户，但是他自己并没有意识到自己的手机存在哪些问题，而你能够很容易发现问题。但是，如果你直接跟他说你的手机不好，已经被时代淘汰了，这显然是行不通的，很可能让对方厌恶，认为你是为了推销自己的智能手机，而诋毁他的手机。所以销售的最好方式不是让别人购买你的东西，而是让别人知道你的东西可以帮助对方解决很多问题，给对方的生活创造多少价值。

（3）分析问题

任何一种商品，都只不过是销售工作中的道具而已，它不可能成为销售的本质。所以演说者要记住，销售的本质是解决客户实际问题。简单来说就是满足客户内心真正需要。有时候，也许客户需要的不是杯子，而是饮水机。当我们发现客户存在的问题之后，不能盲目地进行销售，而应进行更深层次的研究、分析，然后找出合适的方案来解决客户的问题。举例来说：

顾客："我想买一辆后备箱大一点的车。因为我经常出差需要带行李，后备箱大一点的话，可以方便我放东西。"

销售人员问："你看这款车怎么样？适合跑远路。"

顾客说："这后备箱太小了，盛放不了多少东西。"

销售人员说："可是这款车性价比较高，而且配置都是最好的，像这种价位的车一般都不可能有这些配置，你买这辆车绝对划算！"

顾客："可是后备箱……"

销售人员说："这车正好适合你啊！你想想看，在高速公路上开车，要是打开天窗换换气，这小风一吹，多舒服、惬意啊！"

顾客："只不过后备箱太小了。"

顾客在最开始的时候，提到自己需要经常出差，需要大一点的后备箱，可以方便装东西。但是销售人员却只是把重点放在其他地方。他们虽然表面上是在对话，但是这种沟通显然是无效的。因此，演说者在跟听众交流的时候，不要把重点放在产品身上，而是应该从顾客的需求考虑，分析问题的本质，然后帮助听众解决这个问题。例如，上述案例，如果销售直接推荐一款后备容量大的车子，也许价格再高，也会成交，并且顾客会处于主动成交状态。

所以说，在演说中，演说者要想通过演说销售自己的产品，切忌一上台就开始推销。而是要明确地知道，销售的本质是帮助顾客解决问题。也就是说，要想让你的听众信赖你，那么就仔细去观察你的用户，跟他们真诚沟通，发现他们的潜在需求和痛点，然后分析痛点，解决问题，为他们创造更多的价值。

设计场景，体验引发共鸣

聪明的商店的设计从来不是随心所欲的，他们会根据消费者的喜好来设计场景，如消费者进门前喜欢按照什么样的方式行走，进来后最喜欢看哪个角落等，都会作为场景设计的参考因素。而聪明的演说者，他们的演说从来也不是自己想说什么就说什么，而是需要根据听众的喜好来设计内容和场景，而聪明的销售人员，总是依照顾客的心理需求来设计场景。

不论是销售还是演说都需要设计情景。在销售中，运用生动形象的语言，可以给顾客描绘一幅使用产品后带来的美好景象。这样做不仅能激发起顾客对美好景象的向往，而且可以有效地激发顾客的购买欲望。

（1）创造独特的心理体验

情景营销是以心灵的对话和生活情景的体验来达到营销的目的。情景营销的基本假设是，消费者在日常生活中某个"相似的瞬间"，利用这一点，让消费者更容易接受相同的宣传。

在同一家购物中心，同样是销售女士丝巾，第一家销售丝巾的架子周围有镜子，引来大量的消费者进行体验，从而刺激了大量的消费。第二家销售丝巾的商店内，没有在丝巾架子周围放上镜子。走来走去的顾客，摸摸看看就走了，很少有人体验，因此销量也不尽如人意。

同样是销售丝巾，只是多了一面镜子，相差竟这么大，一面镜子有这么大的魔力吗？这不是镜子的魔力，而是场景营销的魔力。第一家在丝巾旁边放了一面镜子，顾客可以通过镜子看到自己戴上丝巾的样子，一旦顾客认为好看，会立即购买。但是没有镜子，顾客只能想想，无法有更深刻的体验。这就是场景营销的魅力所在，它能够让顾客有更好的体验，进而会刺激顾客的购买欲望，促成销售。

此外，情景营销要以心理体验为核心。我们需要通过心理体验，才能找到客户需求所在，才能引发其共鸣。例如，顾客进行奢侈品方面的消费，他们不仅仅是消费商品的本身，更是希望借助消费行为来表达和传达某种意义和信息。一般来说，消费者希望通过奢侈品表达、传递的内容包括自己的身份、地位、收入、品位、个性等。这时候销售人员在运用情景营销手段的时候，就需要围绕客户这种内心诉求，来设计场景引发共鸣。用富有感情色彩的话语勾勒出美好的假设、美好的图景，从而最大限度地满足顾客的心理体验要求。

（2）激发顾客的想象力

美国著名心理学家威廉·詹姆斯说："心理学家最伟大的发现，莫过于我们可以借由改变我们的内在世界而达到改变我们的外在世界的目的。"这其中的改变依靠的是什么？无疑是想象力。因此，作为销售人员和演说者需要关注的就是，如何才能一步步激发顾客内心世界的想象力，引发共鸣、刺激其购买欲望。

例如做房地产销售。

推销方案一：房子南北朝向、面积是130平方米。房间设备齐全。且房子周围环境安静、美丽。

推销方案二：假如你想避开街市的喧闹，很舒适地靠近火炉，透过明亮的窗户，去欣赏秋天的树林；假如你愿在夏天有一个荫凉的庭院，冬天能够清晰地欣赏日落，夏天可以静静地听虫鸟鸣叫，即便静谧、远离喧嚣，但附近仍有公交设施，出门也很方便……我希望你能拥有这样一间房子。

通过对比两个方案，可以看出，方案二充分运用了可以激发想象的语言，更加引人遐想，并且令人向往。运用这种语言描述来激发客户的想象力，体验产品给他带来的好处，能够让人们无限憧憬，进而激发出客户强烈的购买欲望，促进产品成交。

当我们推荐某种产品夸它好用时，要详细地说明哪方面、哪些地方好，笼统的概括无法引起想象，细节才能让人引发想象。例如，你只是简单说这个化妆品可以使人靓丽，不会引发顾客想象，无法让她产生购买的想法。反之，如果你这样说，"这种化妆品保湿性很好、光泽性很强，搽在脸上，能够将脸上细小的瑕疵、痘印、疤痕等遮起来，而且整体看起来非常细腻自然，显得整个人精神焕发！我觉得非常适合你。"这样一说，对方一定会想象一下自己用过的样子，进而会提升自己的购买欲望。

（3）引发互动

演说者可以借助语言来渲染情境、通过图片再现情境、通过演示体会情境，以此来引发互动。在销售和演讲中，语言能够起到至关重要的作用，正所谓成也一张嘴、败也一张嘴。

热情洋溢的语言可以激发顾客的回应，让顾客的内心随我们情绪波动而波动，能够引发听众的互动，给顾客带去更好的体验，进而引发共鸣。

小陈是一家超市的销售人员，每天超市里人来人往，消费者比较多。小陈刚开始还很热情地进行叫卖。可是后来随着工作时间的推移，她越来越漫不经心、力不从心。每次顾客经过商品货架时，小陈不仅没有热情主动叫卖，反而故意忽视客人。所以，很少有客户来主动购买，她的业绩一个月内下滑到了最低点。

可见，销售人员的热情程度往往决定着消费者的热情主动程度。热情的语言可以渲染情境，营造有活力的氛围，使得顾客愿意与之交流互动。

除了语言外，还可以使用图片再现情境。例如，和顾客交流时，我们可以提供与之相关的图片、视频，生动形象地展示商品的样式、功能、价值，来增强商品的可信度，电视中的商品广告就是利用这一原理来引发消费者互动。一般而言，图片和视频中的行为方式往往会无形地影响顾客的行为，更容易引发顾客进行与之相应的互动行为。

再者，通过演示带动顾客体会情境。销售人员的切身演示可以起到一定的带头和示范作用，让顾客产生相应的互动欲望，进而邀请顾客与之一起演示、体验，从而激发出顾客的强烈共鸣。

无论使用哪种方式，其目的就是为了提高顾客对产品的体验，让他们能够更好地认识产品，进而引发共鸣，促进成交。

适当"吹牛"，强化信赖感

优秀的演说者，一定是懂得用语言吸引听众，征服听众。而语言的表达方式有很多种，可以说大道理，可以说事实，当然还可以适当地"吹牛"。大道理、事实人人都会说，但是要在演说中"吹牛"，并把"牛"吹好，并不是每个演说家都能做到的。有人会疑惑，演说中为什么要吹牛？适当地"吹牛"其实是一种自信，能够强化听众对你的信赖感。

但是，现实生活中"吹牛"是贬义词，指过于夸大自己的能力，承诺一些自己办不到的事情。有些学派研究人士甚至认为，吹牛是不诚实、不靠谱的行为，更不应该在演说中推崇这种行为。实际上，这句话还有商榷的余地。在平时演讲和交流中，为了适应人们心理上的需要，为了达到目的不得不"吹牛"。所以说，"吹牛"应该是一个技术上的问题，而不能上升为原则性的问题。适当的"吹牛"，不仅可以赢得听众的喜爱，还可以强化彼此的信赖感。

（1）"吹牛"的第一个原则：为演说服务

在演讲台上，我们会经常看到演说者借助"吹牛"来博得听众信赖、喜爱。在生意场上，我们也会看到有些生意人用"吹牛"来张大声势，尤其在广告、传媒和各行各业的销售中。所以说，适当的"吹牛"是一种很好的销售模式，因为它能够强化信赖感。

在这里需要演说者注意的是，适当地"吹牛"一定要根据实际情况来决定，不能过分地夸大事实，如果过分地夸大事实，就成了欺骗，会适得其反。所以，作为演说者，我们应该时刻认识到，适当地"吹牛"是为了演说而服务，是为了实现演说的价值。"吹牛"目的是放大产品的价值，用不一样的描述方式去介绍产品，强化客户的信赖感，让客户觉得这产品真的很好，正是我需要的。这种适当的"吹牛"才是为销售服务的。

（2）"吹牛"的第二个原则：满足客户心理需求。

如何"吹牛"要根据客户的心理需求来决定。销售是一个与不同人打交道的工作，每天都会接触到各种各样的人，虽然每个人性格、需求方面都存在差异，但是却有一点是相通的，那就是人的心灵。当专业的销售技巧不能产生相应的效果时，这时候我们就需要通过适当的"吹牛"来打动顾客。

心是一个人最柔软的地方，会感动、会高兴、会难过，它的一切反应都来自外界环境的影响。一方面，我们可以从兴趣方面入手去"吹牛"。这样一旦拥有了共同话题、打开了话匣子，就更加容易强化客户对我们的信赖；另一方面，我们还可以利用"吹牛"来赞美客户，满足客户内心的需求。要知道，每个人都有一个共同的特点，那就是认为自己很重要。举一个典型的例子。当你拿到毕业照、班级大合影等照片的时候，你第一眼寻找的人，一定是你自己。如果自己照片拍得好看，你就会认同这张照片，如果你自己照得不好看的话，你就会认为是这张照片照得不好。

每个人心里都认为自己是最重要的，都希望所做的一切得到他人的认同。因此，通过适当的"吹牛"来赞美客户，就会满足客户的心理需求，强化信赖感。适当的"吹牛"赞美不仅可以引起客户交谈的兴趣，也可以在交谈的过程中套出客户的基本信息，如喜好、性格特点、身份地位、薪资水平等。当销售人员了解这些信息后，可以针对其爱好和身份合理有效地宣传产品，如此可更容易得到客户信任，促进产品成交。

（3）"吹牛"的第三个原则：有实例证明

好的演讲离不开"吹牛"、讲道理，更离不开摆事实。如果你不会摆事实，讲道理，只是一味地大话连篇、吹一些不着边际的"牛"，往往很难使人信服。

你说你的产品多么有价值，客户没有体验过，如何相信你？但是生活中，这种现象比比皆是。简单来说就是"光说不练假把式"。所以，你在"吹牛"的时候，一定要列举一些实例来证明——我说的有事实为证。

战国时期的著名纵横家、谋略家和外交家张仪被人们称为"三寸不烂之舌"，使得各国纷纷由"合纵"抗秦转变为"连横"亲秦。为推行"连横"策略立下了汗马功劳。他之所以能所向披靡，以"横"破"纵"，重要原因就在于他在利用"三寸不烂之舌"的同时，能够举实例来证明自己的观点，使得内容充实具体，足以说服他人。这也得益于他对当时各国国情形势和军事力量的掌握和了解，以及对各国君王和将士的心理都做了深入的调查和研究。正是在这种充实掌握事实资料的情况下，他的游说才能有理有据，令人信服。

因此，即使是"吹牛"也要"吹"得有理有据。在"吹牛"的时候，演说者要做到用事实说话，用具体事例说话，这就要在演讲之前做深入的调查分析。此外，在用实例证明的时候，最好是有具体的数据作为支撑，更能增加其可信度。

一般情况下，在"吹牛"时应该注意以下事项：

→ 不要过分频繁地"吹牛"。

→ 没必要的时候不要去"吹牛"。

→ 不要吹得太虚假、玄乎。

→ 不要自己打自己嘴巴。

总之，"吹牛"的技巧，运用之妙存乎一心。真正高超的"吹牛"是尽管大家都知道你在"吹牛"，但是依然愿意相信，愿意为此买单。

烘托气氛，激发消费欲望

无论是演说、销售还是各种会议，最重要的就是要讲究气氛。如果没有气氛，人们就会对这件事情失去兴趣，难以激发他们的欲望。因为人作为社会动物，环境氛围对人的影响是巨大的。讲师在上面讲，下面千百位观众在听。如果没有气氛，想要激发观众的消费欲望、达到成交则是不可能的。因此，营造气氛，激发消费欲望，尤为重要。

从演讲的角度来说，要烘托气氛有很多技巧。可以通过演讲者的情绪调动听众、通过互动带动现场氛围等。但从销售的角度来说，烘托出来的气氛则一定要能激发消费欲望和利于成交。也就是说，一定要在销讲现场营造出一种"购买热"的气氛，让现场的观众感觉似乎每个人都在买，我没理由不买。

那么如何烘托气氛，激发消费欲望呢？

（1）抓住从众心理

一般来说，大部分人都存在一种从众心理。在生活中，我们每个人都深有体会，每当我们路过超市或者商店，看到许多人在那里疯狂排队，都有一种想去一探究竟的欲望。看到大家都在买同一件商品，即便是不需要，也忍不住要上前看看。

心理学上有一个著名的实验来说明从众现象。把一组人请到实验室里做研究，在黑板上画出了 A、B、C 三条线，然后又在旁边画了一条 X 线，非常明显 X 线和 B 线是一样长的，经过他的设计，这一组人有十个被测试的，只有一个人事先什么事情都不知道，剩下九个全是他的实验助理，这时候测试开始了。

实施测试的这个人说：请你们回答一个简单的问题，你们看看这三条线中哪根线与 X 线一样长？其实，只要稍微有点智商的人都会很清楚地看出只有 B 线和 X 线是一样长的。但是这个问题一提出来，其他九个人异口同声地说是 A，这时被测试的人一愣，茫然了一会儿。他想，怎么回事儿，难道是我错了？又过了几分钟，实施实验的人又说，好像除了那九个人，还有人没回答我这个问题。我们这个实验是要求所有人都要回答的。那么，下面有请你告诉我到底哪条线和 X 线一样长？这时，那个被测试者说，我刚才可能看错了，没错，就是 A 和 X 一样长。结果先后这样测试了 100 个人，里面有 38% 的人回答 A 与 X 一样长。这是一个有名的心理测验，叫从众测验。

事实是，最后经过考虑，三分之一的人会屈从于群众的压力，从而选择错误的答案。这就是心理学上所述的从众心理，因此，当我们面临选择的时候，我们潜意识中认为大多数人的选择是对的。可以说，大多数人的消费行为都具有这种从众性。所以抓住消费者的从众心理，进行大肆宣传，放大效应，便可吸引大量消费者购买。

（2）找对成交人

我们在做销讲的时候，可以利用客户的从众心理去烘托现场的成交气氛，但是前提是我们需要找到一个成交带头人，然后对这个带头人大肆渲染，让这个带头人帮助我们成交。

那么如何找对成交带头人呢？

首先，带头人要具备很好的典型性、代言性，应该符合产品的基本特性。举个例子来说，卖化妆品的，找个男的带头人就不太合适；卖香烟的，找个女的带头人也不太符合。面对这两种情况，即便你把产品的价值、属性各个方面都说得天花乱坠，也产生不了很强的说服力，很难刺激起消费者的从众心理。

其次，产品需要成交带头人分享使用过程中的生活变化以及带给他的种种益处。因此，这就需要找一个懂得表达，说话具有感染性、说服性的人。倘若你找一个性格内敛、不善言辞的人，就很难达到感染和带动消费者的效果。那么，客户不仅不能从他的分享中了解到产品的特性，还有可能认为成交带头人根本就没有使用过产品，是托儿或者骗子。

因此，我们在找成交带头人的时候，一定要找跟产品相关性比较高的人，并且要具有典型性，让人看起来符合商品的消费人群，能够使得消费者人群信赖。找好成交带头人，对于从众成交非常重要，选好成交带头人可以在让销讲者更容易成交的同时，还可以省去很多的麻烦。

（3）开展促销活动，刺激消费

我们经常可以看到卖场搞促销活动，同样的门店所产生的实际效果却存在一定的差别。从营销氛围来看，有的门庭若市，有的门庭冷落。事实上，这与卖场是否开展活动以及卖场氛围的营造有很大的关系。

一般来说，商场开展活动对消费者有着强大的吸引力。活动包括打折、买一送一、赠送礼品、奖品抢答等。但是如何通过开展活动，刺激消费也十分关键。具体来说，开展活动需要注意以下三点：

→ **限定数量和时间**。只要有时间和数量的限制，就能更大程度上激发群众的消费欲望。所谓"机不可失，时不再来"，就是利用这一原理，最大限度刺激消费。此外，为了烘托氛围，不要立即送礼品，而是要限定赠送礼品的数量和时间。一方面是考虑成本问题；另一方面，限定赠送礼品的数量和时间可以凸显出礼品的价值，聚焦的人越多，越吸引人前来观看。最后，"限量"和"限时"可以制造出一种"稀缺性"和"紧迫感"，从而使礼品显得更加珍贵，在现场营造出一种"你争我抢"的气氛。

→ **礼品发放是为了宣传产品**。简单点来说，礼品的发放就是为了打广告，为了宣传产品而服务。很多商家喜欢在礼品上打上广告，来进行宣传。比如，康师傅方便面产品几乎每周都会推出礼品相送来吸引广大人群，并且赠送的礼品上都写着广告词。这样一来，每当人们享受礼品的时候，都会看到这个广告词，从而对产品形成更加深刻的印象。所以，赠送的礼品一定要能够提示产品，宣传产品。也就是说通过赠品，客户能够想起来你是卖什么产品的。

→ **礼品一定要实际、实用。** 有些活动现场为了节约成本，会送一些观众都不屑于领取的小礼品。这些东西虽然说是免费送的，但因为它的价值不大，甚至有时候可有可无，因此没有多大实际意义。所以说，礼品要么不送，要送就一定要送有价值并且实用的。要让顾客拿到礼品之后爱不释手，甚至立刻就想体验。这才是送礼品的最高境界。

总之，烘托气氛对促进成交有很大的影响，气氛越好，销售者的欲望越大，成交率也就越高。所以，演说者要想达成理想的成交率，就需要在烘托气氛上下足功夫。

直击心底，巧妙解除抗拒

无论优秀的演说者还是顶尖的销售人员，都会遇到客户的现场抗拒，甚至当着众人的面提出质疑、出各种难题等。事实上，提出问题的客户就在是抗拒成交，这是每一个销售人员都会遇到的问题。

演说者或者是销售人员面对这种情况时，只有对客户的问题对答如流，巧妙解除抗拒，才会赢得信赖，最终实现成交。而那些销售精英，甚至会利用客户的抗拒促进成交，关键就在于策略。

那么如何才能直击客户心底，巧妙解除客户抗拒呢?

（1）判断客户抗拒理由

抗拒之一：价格太高。

抗拒之二：不想买了。

抗拒之三：我不需要。

抗拒之四：好好考虑一下。

抗拒之五：下次再说。

此外，还包括"我没时间""有没有用""我没钱""我要考虑考虑""我不感兴趣""我暂时用不着""我回去跟家人商量一下"等类似的抗拒理由，可谓是层出不穷。

想必大部分销售者在成交的时候，大概都听过以上这些客户拒绝的话。那么我们有没有认真思考过，这些拒绝的背后难道真的是因为客户没钱、没时间、怕被骗、不需要、不感兴趣吗? 事实上，通过仔细观察你会发现，绝大多数客户的拒绝都不是真正的拒绝，更多的是因为客户在某些方面还存在疑虑、纠结。

一位保险销售人员到某公司进行保险销售，待他刚做完自我介绍，表明身份后，老板立刻起身说："我现在没空，改天再谈！"可是老板看起来并不是很忙的样子，言下之意不过是逐客罢了。于是销售人员赶紧说道："××老板，我知道您很忙，就是因为您这么忙，您的公司和成就才那么大。这样，我只占用您几分钟时间，为您提供一项确保经营成果的方法，如果这个方法您还满意，我们就继续谈下去，否则我就告辞，好吗？"

"改天啦！改天啦！"老板摇摇手，还是这么说，但是语气已不像刚才那般坚定。

所以，在销售的时候，不要害怕被拒绝，你要做的是，从对方的抗拒中找到理由，然后再"对症下药"，一旦对方的心理防线被攻破，对方会主动找你成交产品。

（2）确认抗拒点，找到解决方案

大多数顾客都会在推销的过程中这样说道："等下一次再说吧，等以后再说吧！"遇到这种顾客的时候该怎么办呢？

针对以上客户产生的抗拒理由——下次再说，销售人员认识到客户事实上并不是没有时间，只是存在疑虑、推辞。于是对此将计就计。

销售人员趁此机会立刻又说："××老板，您让我改天再来，当然可以，但是我没有把握下次能来。"

老板狐疑地问："什么意思？"

销售人员说道："××老板，有一句话您一定听说过，'孔夫子不敢收隔夜帖'，就是说连孔夫子也不敢为隔天的事情做承诺。我每天忙着告诉人们保险福音，提醒人们可能会发生的事故，并要他们为可能发生的灾害做预防，我不愿见有人因为疏忽而落入万劫不复的困境。并且我们自己也有可能会发生事故，这种概率有可能会降临到任何一个人身上。所以对于能不能再一次登门拜访，我并无把握。同样，我也希望您了解到这一点，未来是个未知数，谁也无法预测，我们唯一要做的就是把握现在。

"我今天所要给您提供的资料，对您和您的家人还有您的企业都有绝对的好处，拥有它之后你就可以全身心地工作，完全没有后顾之忧了。"

这时老板怀疑地问道："真的有您说的那么好吗？能对我公司提供确实的效益吗？"

销售人员一边点头一边摊开建议书："××老板，是不是真的对您有用，相信凭借您锐利的眼光一看便知分晓，这份说明书是依照您的身份、地位所拟定的，您看是不是合适……"

这时老板有所动心，不过只是原则上同意投保，仍然表明要考虑几天。

于是这时候便出现了抗拒理由：好好考虑一下。

这时销售人员针对抗拒理由又提出了下一步的解决方案。

"对的，老板，您在付保险费之前，是应该多加考虑，但我想您可以先把申请工作做好，节约一些不必浪费的时间，因为这样一份保险，公司在接受时也需要时间去评估，所以我建议您先填写申请书，之后我们再来研究您需要考虑的问题。"

听完后，老板没有作声。这时销售人员直击心底："老板，您一定是在想，参加这样一份保险，到底是对还是不对？其实这是不必要的担心，很多和您一样成功的企业家，他们也都买了这样的保险，而且也在投保前加以慎重研究和分析，最后也是放心地委托我们办理。其实他们所担心和考虑的事，一定和您大同小异，他们能接受这份保险，已是足堪信任的一个有力理由。"

最后老板点点头，表示同意销售人员的说法。

　　因此，从案例中我们可以看出，顾客在成交的过程中总会存在或多或少、这样那样的疑问、顾虑、怀疑、担心等。这时候我们就要通过分析去辨别客户抗拒是真的还是在搪塞，进而找出客户的疑虑和抗拒之处所在，有针对性地解除抗拒点，采取最直接有效的解决方案直击心底，更加精准地猜透客户的心理，使其消除抗拒和排斥，产生信赖，坦然接受，从而赢得成交。

鼓励行动，促成最终成交

被誉为世界上最伟大的销售员的乔·吉拉德说："销售的关键就在于成交。"毫无疑问，让你的客户为你的产品买单，这是成交最重要的环节。

销售，可以说就是以结果论英雄的游戏，销售就是要成交。没有促成成交，再好的销售过程也只能是徒劳。一般来说，客户总是出现各种各样的抗拒、质疑、纠结，这时候销售人员除了为其解除困惑之外，还要发挥主导作用，不断鼓励、引导客户行动。

下面我们来看以下几种方法是如何通过鼓励客户行动，促成成交的。

（1）当顾客说：我再考虑考虑

对策：活动时间有限，时间就是金钱，机不可失，时不再来。

→ **假设法**：活动时间有限，时间就是金钱。如果您马上成交的话，不仅可以享受到超低的优惠，而且免费参加今天的抽奖活动就有机会赢大奖。如果不马上成交，将会错失这次超值的优惠活动，您还在犹豫什么，机不可失、时不再来。这样就可以抓住人的投机心理，迅速促成交易。

→ **询问法**：通常客户存在犹豫，说明客户对产品感兴趣，但是可能还没有弄清楚你的介绍，比如产品的一些功能、价值、细节等。或者客户自身存在一些难言之隐，如价格、时间、决策权，再不然就是一些搪塞之词。一般这种情况下就是因为我们没有彻底说服顾客，使得顾客还差一个理由去为之埋单。那么这时候我们就需要利用询问法将原因分析清楚，然后对症下药，促成药到病除。如："女士，我刚才是不是哪里没有解释清楚，或者是说得不全面、不到位，所以您说仍要考虑一下？"

→ **激将法**：通过分析判断顾客的情况，进行合理的鼓动、刺激。

（2）当顾客说：**太贵了**

对策：货比三家，一分钱一分货。

→ **比较法**：与同类产品进行比较，尽量突出自身产品的亮点、价值。如："您去看看其他家，这个产品比我们卖得贵多了，而且质量也不见得比我们家好。"还可以与相同价值的其他产品进行比较。如："这些钱现在可以买 A、B、C、D 等几样东西。而这种产品是最合适的，也是您目前最需要的，现在买一点儿不贵。"

→ **平均法**：例如，可以说："您现在看来觉得它比较贵，可是您现在买下它至少可以能够享用两三年。我们将产品的价格分摊到每月、每周、每天，这样算来，根本花不了多少钱，而且您还可以享受到它带给您的长久的价值功能。仔细想想，真是非常的划算与值得。"

→ **夸赞法**：每个人心中都渴求得到别人的认同和赞美。通过我们热情的赞美，可以让顾客不得不为了面子，为了满足虚荣心而掏腰包。例如可以说："这件衣服简直就是为您量身定制的，恰好突出了您的气质和品位，真的是太适合您了，您如果不买的话，就太遗憾了！"

（3）当顾客说：**没有预算**

对策：制度是死的，人是活的。没有条件可以创造条件。

→ **目光长远法**：先把产品可以给客户带来的利益最大限度地展现在客户眼前，慢慢给客户讲解，催促客户进行预算，促成成交。如："×× 先生，您换个角度这样想，产品可以带给您什么利益，而不是会减少您什么。况且凭您的能力，现在的投资用不了多久就会连本带利地挣回来。像您这样智慧的人只要敢干，将来肯定会取得更大的成功。"

→ **直击心底法**：如果您拥有这个产品的话，不仅给您自身带来好处，而且也可以给您周围的人带来好处。像您这样事业很成功、有情有义的人，当然家庭亲人幸福也是非常重要的。购买之后，将会给您的人生带来新的变化。而且很多像您一样的成功人士都在使用这个产品，像他们那样的资深人士都认同的产品，您大可放心使用。

（4）当客户说：**免费是真的吗**

对策：进来看一下就知是真是假！别人说得天花乱坠，不如自己的亲身体会。

→ **吸引法**：利用客户的好奇心，吸引客户进入店内，参观体验，不仅起到一定的宣传作用，而且还可以通过免费的小举动，撬动更大的回报。

→ **心理暗示法**：免费就是借助人性贪图小便宜的心理，刺激客户行动起来。正所谓"吃人嘴软，拿人手短"。有尝就有买，体验之后，更能激发客户的行动欲望。如：通过给客户提供至上、周到的服务来打动客户，让客户内心产生一种不好意思或者是不购买没有面子的心理，从而最大限度地刺激客户引发行动。

当然，除了以上几种类型的抗拒成交外，还有其他拒绝、质疑的理由。很多客户天生就习惯"拖延、纠结"，所以，我们需要通过技巧性的语言和方法给客户一个"立即行动"的理由，让顾客产生"如果不行动，就要错过重大奖品"的感觉。这些方法其实归根结底来说，就是为刺激顾客的购买欲望，鼓励行动，从而促成最后的成交。